LIBERDADE, FELICIDADE & FODA-SE!

MIRIAN GOLDENBERG

LIBERDADE, FELICIDADE & FODA-SE!

AS PERGUNTAS E AS RESPOSTAS
PARA VIVER MAIS FELIZ

Planeta

Copyright © Mirian Goldenberg, 2019
Copyright © Editora Planeta do Brasil, 2019
Todos os direitos reservados.

Preparação: Sandra Espilotro
Revisão: Ana Tereza Clemente e Departamento editorial Planeta do Brasil
Diagramação: Anna Yue
Capa: Thaís Esmeraldo e Eduardo Foresti
Imagem de capa: Picsfive/ Shutterstock

Dados Internacionais de Catalogação na Publicação (CIP)
Angélica Ilacqua CRB-8/7057

Goldenberg, Mirian
  Liberdade, felicidade & foda-se! / Mirian Goldenberg. – São Paulo: Planeta do Brasil, 2019.
  160 p.

  ISBN: 978-85-422-1583-0

  1. Saúde e bem-estar 2. Felicidade 3. Autorrealização (Psicologia) I. Título

  19-0830   CDD 158.1

2019
Todos os direitos desta edição reservados à
EDITORA PLANETA DO BRASIL LTDA.
Rua Bela Cintra 986, 4º andar – Consolação
São Paulo – SP – CEP 01415-002
www.planetadelivros.com.br
faleconosco@editoraplaneta.com.br

SUMÁRIO

Você quer ser feliz? 7
Em que ponto você está na curva da felicidade? 13
Você sabe rimar liberdade com felicidade? 21
Você já ligou o botão do foda-se!? 29
Você já fez uma faxina na sua vida? 37
Você sabe reconhecer um vampiro emocional? 44
O que você mais inveja? 55
O que falta para você ser mais feliz? 65
Você gostaria de ser mais leve? 73
Você conhece o jogo do contente? 83
Você é meio Leila Diniz? 93
Você tem medo de envelhecer? 105
Quem vai cuidar de você na velhice? 117
Você gostaria de viver mil anos? 125
O que você vai ser (e fazer) quando envelhecer? 131
Você agradece à vida? 145
Você quer se tornar mais feliz? 155
Referências bibliográficas 159

VOCÊ QUER SER FELIZ?

Escrever *Liberdade, felicidade & foda-se!* foi uma experiência alegre, apaixonada e intensa. Durante muitos meses, mergulhei em pesquisas, entrevistas, artigos, livros, encontros e conversas que foram fundamentais para a invenção da minha "Antropologia da felicidade".

Quando comecei a escrever o livro, fiquei em dúvida se deveria apresentar somente os resultados das minhas pesquisas com 5 mil homens e mulheres de 18 a 98 anos, ou as minhas experiências e descobertas pessoais sobre felicidade. Como aprendi a resolver meus dilemas por meio da dialética – buscando o caminho do meio –, decidi não fazer nem uma coisa nem outra, mas sim um exercício de síntese das duas propostas.

Quero iniciar o livro com uma ideia de Simone de Beauvoir. Ela afirmou que todos nós mudamos durante a vida, mas sem perder a identidade, que já existia quando éramos crianças.

As nossas raízes permanecem, e é por meio delas que se definem os objetivos de um projeto de vida. É preciso que os projetos estejam ancorados no nosso passado, como exigências a serem realizadas.

Após uma imersão profunda no meu passado e nas minhas raízes, consegui enxergar uma coerência entre tudo o que pesquisei e escrevi nas últimas três décadas. Se existisse alguma linha invisível que costurasse tudo o que eu produzi, gostaria que ela fosse chamada de "Antropologia da felicidade".

Desde *A Outra* até *A bela velhice*, a questão da felicidade esteve no centro das minhas reflexões e preocupações ou, melhor ainda, das minhas obsessões. Analisei a trajetória de Leila Diniz, estudei as amantes de homens casados e as militantes políticas, discuti a construção social do corpo e os padrões culturais de juventude e de beleza, pesquisei as experiências e as representações sobre o envelhecimento.

Em todos os meus livros, analisei os discursos e comportamentos de homens e mulheres, de diferentes gerações, que enfrentaram preconceitos e discriminações, que sofreram por se sentirem invisíveis, que viveram relações amorosas e sexuais consideradas desviantes, que estavam fora do padrão de corpo valorizado na cultura brasileira.

O que todos tinham em comum? O desafio e a coragem de inventar uma vida mais livre e mais feliz.

Tenho buscado, em todas as minhas pesquisas, formular questões que me ajudem a compreender melhor os discursos, comportamentos e valores presentes na nossa cultura. Além da antropologia, a psicanálise e a filosofia me ensinaram a fazer perguntas que têm contribuído para as minhas pesquisas e, também, para relativizar os meus medos, sofrimentos e angústias existenciais.

Qual é o significado da minha vida? O que me falta para ser mais feliz? Por que invejo a liberdade dos homens? Por que me comparo com outras mulheres? Por que tenho dificuldade em dizer não? Como posso ser mais leve? O que preciso fazer para me libertar dos vampiros emocionais? Por que tenho medo de envelhecer? O que quero ser e fazer quando envelhecer? Quais são os meus projetos de vida?

Sempre ensino aos meus alunos, como mostrei em *A arte de pesquisar*, a importância de saber formular a pergunta certa. Considero que fazer uma boa pergunta é o passo decisivo para realizar os objetivos de uma pesquisa científica. Acredito que o mesmo vale para os nossos propósitos de vida. Frequentemente, a construção de uma boa questão para se pensar sobre algum problema é mais essencial do que a sua resposta. A pergunta certa é o melhor caminho para a solução dos problemas que queremos e precisamos resolver, nas nossas pesquisas e na nossa vida.

A cada livro que leio, procuro formular – a partir das suas linhas e entrelinhas – as minhas próprias perguntas. As páginas dos meus livros são verdadeiros arco-íris. São abarrotadas de anotações a lápis e canetas de diferentes cores, que revelam as conversas profícuas e apaixonadas que alimento com cada autor. Eu reli muitas obras inúmeras vezes, e a cada leitura acrescentei novas perguntas e novas cores às suas páginas. Gosto de sublinhar as ideias mais interessantes, questionar ou discordar dos autores, lembrar de outros que escreveram sobre o mesmo tema, registrar os meus pensamentos, dúvidas e experiências. As páginas ficam completamente cheias com as minhas observações. Não resta um só pedacinho em branco. Sinto-me frustrada por não ter mais espaço para a minha conversa com os autores.

Escrevi *Liberdade, felicidade & foda-se!* como uma espécie de conversa íntima com os meus leitores. Enquanto escrevia os capítulos, fiquei me imaginando como leitora do meu livro. Percebi que eu iria adorar ter um espaço exclusivo só para anotar as minhas observações. Resolvi, então, que o livro teria um lugar especial para que todos os meus leitores pudessem anotar suas ideias, registrar suas reflexões e formular suas próprias perguntas sobre felicidade.

As páginas a serem preenchidas no fim de cada capítulo foram pensadas como um espaço de criação, de autoconhecimento e, principalmente, de coautoria. As minhas perguntas são apenas provocações para que os leitores elaborem as questões que ainda estão faltando no livro.

Liberdade, felicidade & foda-se! é um retrato das perguntas que foram mais relevantes para a construção das minhas reflexões sobre a arte de ser feliz. Espero que o livro mostre que cada um de nós, de um jeito único e singular, pode aprender a formular boas questões que ajudem a descobrir os caminhos para conquistar a felicidade. O meu desafio para você é: faça a pergunta certa!

VOCÊ QUER SER FELIZ?

EM QUE PONTO VOCÊ ESTÁ NA CURVA DA FELICIDADE?

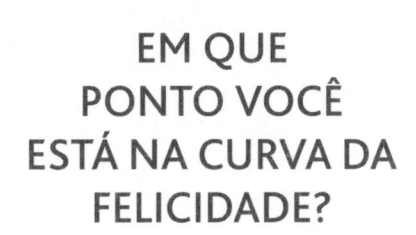

No dia 6 de novembro de 2017 tive a grande alegria de participar do TEDxSãoPaulo Mulheres que Inspiram. O vídeo da palestra foi postado no YouTube em 9 de janeiro de 2018 e, para minha surpresa, viralizou rapidamente: foi visto por mais de 1 milhão de pessoas!

Nunca poderia imaginar que o meu TED teria tanto sucesso, impacto e repercussão, ficando em primeiro lugar entre os mais vistos e relevantes de todos os TEDxSãoPaulo. Recebi incontáveis mensagens de todo o Brasil e até mesmo do exterior, já que o vídeo tem legendas em inglês e em espanhol. Muitas mulheres me escreveram para perguntar se eu já havia publicado – ou iria publicar – um livro abordando os mesmos temas da palestra. A ideia de escrever *Liberdade, felicidade & foda-se!* nasceu do meu desejo de agradecer e dar uma resposta carinhosa a todas as mulheres que me enviaram mensagens comentando a palestra.

Quando pensei pela primeira vez na estrutura do livro, já sabia que o conteúdo do meu TED deveria ser o fio condutor de todos os capítulos. Como será fácil perceber, tudo o que eu disse na palestra foi a maior inspiração para formular as minhas perguntas reflexivas sobre felicidade. Segue, então, a íntegra do meu TED sobre a invenção de uma bela velhice.

É uma grande alegria estar neste lindo evento para falar sobre a invenção de uma bela velhice. Tudo o que eu vou apresentar é resultado da minha pesquisa "Corpo, envelhecimento e felicidade", realizada com 5 mil homens e mulheres de 18 a 98 anos. Atualmente, estou pesquisando só os que já passaram dos 90 anos.

Vocês já ouviram falar da curva da felicidade?

Pesquisas realizadas por economistas em oitenta países, com mais de 2 milhões de pessoas, encontraram um padrão constante. As pessoas mais felizes são as mais jovens e as mais velhas, e as menos felizes são as que estão entre 40 e 50 anos. Os pesquisadores descobriram uma curva da felicidade no formato da letra U. A felicidade é maior no início da vida, diminui ao longo dos anos, chegando ao seu ponto mais baixo em torno dos 45 anos, e, depois disso, começa a crescer. Os mais velhos, se tiverem uma boa saúde, estabilidade financeira e segurança afetiva, podem se sentir tão felizes quanto os mais jovens.

Eu também encontrei uma curva da felicidade entre as mulheres brasileiras que venho pesquisando há mais de trinta anos. As que têm entre 40 e 50 anos são as que estão mais infelizes, insatisfeitas, frustradas, deprimidas e exaustas. Elas reclamam, principalmente, de falta de tempo, falta de reconhecimento e falta de liberdade. Algumas ainda dizem que falta tudo!

Perguntadas sobre o que mais invejam nos homens, elas responderam, em primeiríssimo lugar: liberdade. Em segundo, disseram: fazer xixi em pé. Elas também invejam a liberdade masculina com o próprio corpo, a liberdade sexual, a liberdade de brincar e rir de qualquer bobagem e muitas outras liberdades.

Quando perguntei aos homens o que eles mais invejam nas mulheres, eles responderam simplesmente: nada.

Quando perguntei o que as mulheres mais invejam em outras mulheres, elas responderam: corpo, beleza, juventude, magreza e sensualidade. O corpo invejado por elas é jovem, magro e sensual. No Brasil, este modelo de corpo é considerado um verdadeiro capital.

As mulheres brasileiras estão entre as maiores consumidoras do mundo todo de cirurgia plástica, botox, tintura para cabelo, remédios para emagrecer, moderadores de apetite, medicamentos para dormir e ansiolíticos. São também as que estão mais insatisfeitas com o próprio corpo, e as que mais deixam de sair de casa, ir a festas, e até mesmo de trabalhar, quando se sentem velhas, gordas e feias.

Não é à toa que as brasileiras têm pânico de envelhecer, como disse uma professora de 45 anos:

"A minha maior crise foi quando fiz 40 anos. Entrei em pânico por estar ficando velha: não sei se faço plástica, coloco botox e preenchimento, se posso continuar usando minissaia e biquíni. Tenho medo de ser chamada de velha ridícula. É a fase do será que eu posso? Sou uma mulher invisível, transparente, uma mulher nem-nem: nem jovem, nem velha".

Mas eu tenho uma ótima notícia para vocês. Tudo começa a melhorar, e muito, depois dos 50 anos, e a curva da felicidade começa a subir. As mulheres com mais de 60 anos afirmaram categoricamente: "Este é o melhor momento de toda a minha vida. Nunca fui tão feliz. É a primeira vez que eu posso ser eu mesma. Nunca fui tão livre".

E como essas mulheres teriam conquistado a liberdade tão desejada? Vocês querem anotar as dicas que elas me deram? Em primeiro lugar, elas descobriram que o tempo é o verdadeiro capital. Elas não podem, nem querem mais, desperdiçar seu próprio tempo. As mulheres mais jovens querem agradar e cuidar de todo mundo, e reclamam que não têm tempo para si mesmas. Mais velhas, aprendem a dizer não, algo que parece muito simples mas não é, e passam a priorizar o tempo para se cuidar. Aprender a dizer não é uma revolução para as mulheres.

Essas mulheres também fizeram uma faxina existencial, o que não significa só jogar fora as roupas que não servem mais, os cacarecos, as coisas de que não precisam. Isso também é importante, mas é o mais fácil. A faxina existencial é deletar da nossa vida todas as pessoas que só nos fazem mal, só nos criticam, sugam a nossa energia: os verdadeiros vampiros emocionais.

Elas também aprenderam a ligar o botão do foda-se! Mas não ficam dizendo foda-se! para todo mundo, foda-se! para o que os outros pensam. Não é isso, elas são muito elegantes. É muito mais uma atitude interna. Vão dizer que eu sou uma velha ridícula porque vou à praia de biquíni? Foda-se! Vão achar que eu sou uma velha baranga porque gosto de usar minissaia? Foda-se! Vão pensar que eu sou uma coroa periguete porque namoro um cara mais jovem? Foda-se! Esse foda-se! interno é libertador. Vocês querem experimentar?

A importância das amigas também foi muito citada por elas. São as amigas que cuidam, escutam, conversam, levam ao médico, telefonam todos os dias para saber como elas estão. Elas falaram muito mais das amigas do que do marido, dos filhos e dos netos. Quando perguntei: "Quem vai cuidar de você na velhice?", responderam, em primeiro lugar: "Eu mesma". E em seguida: "Minhas amigas". Quando perguntei aos homens: "Quem vai cuidar de você na velhice?", eles responderam: "Minha esposa, minhas filhas e minhas netas".

Por fim, elas também aprenderam a rir e brincar muito mais. Entre as mulheres mais jovens que eu pesquisei, 60% invejam a capacidade masculina de rir de qualquer bobagem. Ao serem perguntadas por que não dão mais risadas, elas responderam: "Porque eu não tenho tempo ou porque tenho muito medo do que os outros vão pensar".

Mais velhas, elas se sentem livres para rir muito mais, principalmente delas mesmas, como disse uma médica de 65 anos:

"Não consigo entender por que eu demorei tanto tempo para descobrir uma coisa tão simples: liberdade é a melhor rima para felicidade. A minha receita para ser feliz é ter projetos de vida, não me preocupar com a opinião dos outros, dizer não para tudo o que eu não quero mais e curtir as minhas amigas. Como médica, eu posso garantir que rir muito, e principalmente rir de mim mesma, é sempre o melhor remédio".

Então eu quero terminar com uma pergunta para vocês:

"Por que precisamos esperar tanto tempo para descobrir que a melhor rima para felicidade é liberdade? E que rir muito, especialmente de nós mesmas, é sempre o melhor remédio?".

EM QUE PONTO VOCÊ ESTÁ NA CURVA DA FELICIDADE?

VOCÊ SABE RIMAR LIBERDADE COM FELICIDADE?

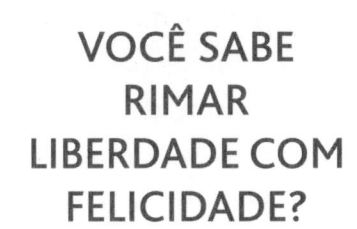

A primeira vez que percebi o impacto do meu TED foi quando, no início de março de 2018, estava fazendo compras no supermercado e uma avó com seus dois netinhos me abordou carinhosamente:

"Mirian, deixa eu te dar um abraço? Vi a sua palestra mais de dez vezes. Compartilhei o vídeo com todas as minhas amigas. Você me fez chorar, mexeu muito comigo. Suas palavras me fizeram refletir, parece que você estava falando comigo. Você está me ensinando a viver a velhice com mais alegria, está conseguindo mudar a vida de muitas mulheres. Muito obrigada pelo seu lindo trabalho".

Na semana seguinte, no aeroporto, duas jovens me contaram que assistiram ao vídeo diversas vezes com um grupo de amigas:

"Incrível como você conseguiu ensinar tantas coisas importantes para as mulheres em apenas dez minutos. Nossa, foi uma verdadeira aula para a nossa vida. Não vamos esperar ficar velhinhas para fazer tudo aquilo que aprendemos com você. Vamos começar bem antes. A conclusão a que chegamos é que precisamos aprender desde cedo a rimar felicidade com liberdade".

Incontáveis mulheres enviaram o vídeo para todos os seus grupos do WhatsApp. Não é à toa que ele viralizou tão rapidamente.

Seria impossível registrar aqui todas as mensagens interessantes que recebi de mulheres de diferentes gerações. Resolvi publicar apenas algumas para mostrar quais foram as ideias que elas consideraram mais inspiradoras.

Fazer a faxina existencial

"A sua palestra vale ouro. Foi mais eficiente para mim do que vinte anos de terapia. Já comecei a fazer a minha faxina existencial limpando da minha vida todas as pessoas egoístas, invejosas e destrutivas. Comecei faxinando aquelas falsas amigas que estão sempre me criticando e me botando para baixo. Também estou pensando em me afastar de umas pessoas bem asquerosas da minha família. A sua palestra me transformou em uma faxineira existencial. Minha palavra de ordem agora é: faxina neles! Sabe que está sendo muito divertido e libertador?"

Limpar os vampiros emocionais

"O seu TED é uma lição de vida. Só agora percebi que convivo diariamente com vampiros emocionais, pessoas perversas que me fazem mal, sugam a minha energia, alegria e saúde. Só de chegar perto delas eu já fico doente. Eu não tinha a menor consciência de que elas eram tão prejudiciais para a minha saúde física e psicológica. Preciso aprender a me proteger dos vampiros."

Aprender a dizer não

"A sua fala é inspiradora. Achei que você estava conversando comigo, me identifiquei muito. Sou aquela típica mulher que está sempre cuidando e se preocupando com todo mundo, que gasta todo o tempo e dinheiro com os outros, que fica doente por assumir um excesso de compromissos e de responsabilidades no trabalho e na família. Por que não tenho coragem de dizer não?"

Ser dona do próprio tempo

"Fiquei emocionada quando você falou que as mulheres estão sobrecarregadas, exaustas, estressadas e insatisfeitas. É o retrato da minha vida. Estou sempre na correria, resolvendo os problemas da casa, do trabalho, dos filhos, do marido. Não tenho tempo para mim, para cuidar de mim. Não tenho tempo para ir ao médico. Não tenho tempo para fazer exercícios. Não tenho tempo para sair com as amigas. Não tenho tempo nem para dormir. Muito obrigada por mostrar que tenho que ter tempo para mim e que preciso ser a dona do meu próprio tempo."

Cuidar das amigas

"Achei engraçado quando você falou sobre quem vai cuidar das pessoas na velhice. Só as mulheres cuidam: dos maridos, dos pais, dos avós, dos filhos, dos amigos. Elas cuidam de todo mundo e ainda têm que cuidar delas mesmas. Que sorte a minha. Eu tenho amigas maravilhosas, elas são a maior riqueza da minha vida. Temos um projeto de morar todas juntas em uma casa no campo quando ficarmos mais velhas."

Rir de si mesma

"Eu quero rir mais de mim mesma, não me levar tão a sério, nem sofrer tanto por bobagens. Sou a típica mulher nem-nem, que está na fase do será que eu posso? Quá-quá-quá. Tenho vergonha de usar biquíni porque estou velha, gorda, flácida e pelancuda? Quá-quá-quá. Me sinto invisível porque não tenho um marido? Quá-quá-quá. Caiu a minha ficha: todas as brasileiras têm os mesmos medos e sofrimentos nessa fase da vida. Foi um grande alívio saber que eu não estou sozinha, e que eu não sou a única no fundo do poço da curva da felicidade. E que logo, logo tudo vai melhorar."

Lutar pela liberdade
"Morri de rir quando você falou da inveja de fazer xixi em pé. Eu também invejo a liberdade dos homens. A maior lição do seu TED é que as mulheres precisam ser mais livres, mais corajosas, mais poderosas. Precisamos lutar pela nossa própria liberdade, pela liberdade de todas as mulheres, pela liberdade das nossas filhas e das nossas netas. É um grande desperdício de vida ter que esperar até os 60 anos para ser mais feliz. Não dá para ser livre mais cedo?"

Ligar o botão do foda-se!
"Concordo 100% com você. Já devia ter ligado o botão do foda-se! há muito tempo. Agora repito interiormente como um mantra: Foda-se! Foda-se! Foda-se! Inspirada na sua palestra

maravilhosa estou organizando com todas as minhas amigas o Primeiro Encontro Nacional do Foda-se! Você será a presidente de honra do nosso encontro. Você nos representa. Nosso slogan? Liberdade para ser tudo o que você quiser, felicidade para amar tudo o que você tiver e foda-se! para o que os outros pensam."

VOCÊ SABE RIMAR LIBERDADE COM FELICIDADE?

VOCÊ JÁ LIGOU O BOTÃO DO FODA-SE!?

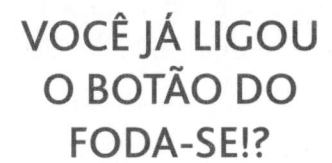

"O direito ao foda-se!", um texto divertido cuja autoria é atribuída a Millôr Fernandes, circula há mais de dez anos na internet. O próprio Millôr negou várias vezes a autoria do texto, mas ele continua sendo compartilhado com seu nome.

O mesmo já aconteceu comigo. Sempre preciso explicar que não sou a autora de "Sexalescentes", um artigo que faz sucesso na internet. Já publiquei na *Folha de S.Paulo* uma coluna esclarecendo que não escrevi esse texto, mas não adiantou nada. "Sexalescentes" continua circulando e frequentemente recebo elogios calorosos por algo que não produzi.

Mas, voltando a "O direito ao foda-se!", o texto – que não é do Millôr – defende que o nível de estresse de uma pessoa é inversamente proporcional à quantidade de foda-se! que ela fala:

"Existe algo mais libertário do que o conceito do foda-se?! O foda-se! aumenta minha autoestima, me torna uma pessoa melhor, reorganiza as coisas, me liberta. Não quer sair comigo? Então foda-se! Vai querer decidir essa merda sozinho? Então foda-se! O direito ao foda-se! deveria estar assegurado na Constituição Federal. Liberdade, igualdade, fraternidade e foda-se!".

Em 2005 iniciei a minha pesquisa sobre envelhecimento e felicidade com um grupo de discussão composto por quinze mulheres de 50 a 60 anos. Nele, uma psicóloga, de 55 anos, disse que o botão do foda-se! é uma revolução:

"As mulheres mais jovens estão cansadas, exaustas, deprimidas, não dormem, não comem direito, não têm tempo para cuidar delas. As mais velhas aprendem a ligar o botão do foda-se! e passam a priorizar os próprios desejos. É uma revolução, uma mudança radical de foco. O tempo que antes era para os outros, passa a ser delas. Elas se tornam senhoras do próprio tempo".

Ela disse ainda que as mulheres mais velhas param de se comparar, preocupam-se menos com a opinião, o olhar e o julgamento dos outros, e aprendem a dizer não. As demais componentes do grupo concordaram veementemente. Uma professora, de 57 anos, mostrou uma tatuagem no punho direito e contou:

"Após a minha separação, decidi tatuar um botãozinho como símbolo da minha liberdade. É o meu botãozinho do foda-se! Meus filhos ficaram assustados, disseram que eu estava louca. Mas eu não ligo mais para cobranças, críticas e preconceitos de ninguém, muito menos deles. Aperto meu botãozinho e foda-se!".

Como mostrei em *A bela velhice*, muitas mulheres mais velhas adotaram o foda-se! como uma forma de libertação dos preconceitos associados ao envelhecimento.

Uma atriz, de 63 anos, afirmou que o foda-se! é uma atitude subjetiva, uma postura interna, uma decisão de viver com mais liberdade e prazer, sem se preocupar tanto com os estereótipos sobre a velhice:

"Tenho vergonha do meu corpo. Estou gorda, flácida, cheia de celulites e estrias. Mas se quero ir à praia de biquíni, digo para mim mesma: foda-se! Vou deixar de ir à praia porque envelheci? Foda-se! Vão me achar uma velha baranga de biquíni? Foda-se! Vão me chamar de velha ridícula? Foda-se!".

Ela disse que não é uma pessoa agressiva, que o seu foda-se! não é um xingamento. E que usa o foda-se! somente para si mesma, interiormente, como um mantra de proteção quando se sente constrangida com os preconceitos, opiniões e olhares dos outros:

"Quanto mais livre eu sou, mais feliz eu me sinto. Não tenho mais tempo para me preocupar com a opinião dos outros e com as regras de como uma mulher mais velha deve se vestir e se comportar. Foda-se!, principalmente para os meus próprios preconceitos, vergonhas, inseguranças e medos".

Como contei em *Coroas*, tive uma crise horrorosa quando fiz 40 anos. Minha saída para superar o pânico de envelhecer foi inventar o "Movimento das Coroas Poderosas". Escrevi um manifesto lúdico que terminava com o seguinte grito de guerra: "Coroas poderosas unidas, jamais serão vencidas! Fodam-se as rugas, as celulites e os quilos a mais!".

Desde a publicação de *Coroas*, em 2008, tenho sido convidada a dar entrevistas sobre o meu manifesto em jornais, revistas, programas de rádio e de televisão. Sempre procuro explicar que o foda-se! perde a sua força libertária quando é substituído por asteriscos ou por dane-se. Argumento que o foda-se! não é um xingamento ou uma ofensa, mas uma atitude interna. Mesmo assim, na hora de dizer o foda-se!, quase sempre fui – e continuo sendo até hoje – censurada.

Nas minhas palestras, o momento de maior sucesso é quando falo da importância do botãozinho do foda-se! para a libertação das mulheres. Muitas pessoas do público percebem que precisam, urgentemente, ligá-lo para muita gente. Elas descobrem que o foda-se! é uma excelente ferramenta para se distanciar e rir das opiniões de determinadas pessoas, e para se proteger e não se deixar afetar pelas críticas e censuras. O botãozinho ajuda a não sofrer tanto com os julgamentos e preconceitos dos outros.

Anos depois da publicação de *Coroas*, *A bela velhice* e *Homem não chora, mulher não ri* – livros nos quais defendi a importância do foda-se! para a libertação das mulheres –, fiquei surpresa quando, em 2017, chegou ao Brasil o livro de um autor americano com o f*da-se – assim, com um único asterisco – estampado na capa. Só então percebi que não tive a coragem de colocar o foda-se! nos títulos dos meus livros, apesar de já ter descoberto, com as minhas pesquisas, o poder do botãozinho há mais de dez anos.

Como demonstrou o texto atribuído a Millôr Fernandes, o poder do foda-se! está circulando há muito tempo no nosso inconsciente coletivo. Sorte de quem teve a ousadia de usá-lo como título na hora certa.

Mesmo atrasada, e correndo o risco de algumas pessoas que não conhecem meus livros e colunas na *Folha de S.Paulo* acharem que estou apenas pegando uma carona em títulos de sucesso, não quero esperar mais uma década para sair do armário.

Como disse uma querida amiga, todo mundo que conhece o meu trabalho já sabe que eu falo da importância do foda-se! há mais de dez anos. Quem ainda não sabia disso, e depois de ler tudo o que escrevi aqui, achar que somente agora estou embarcando na onda do botãozinho... merece uma única resposta: foda-se!

Finalmente chegou a minha hora de dizer sem censura: *Liberdade, felicidade & foda-se!*

VOCÊ JÁ LIGOU O BOTÃO DO FODA-SE!?

_____
_____
_____
_____
_____
_____
_____
_____
_____
_____
_____
_____
_____
_____
_____
_____
_____

VOCÊ JÁ FEZ UMA FAXINA NA SUA VIDA?

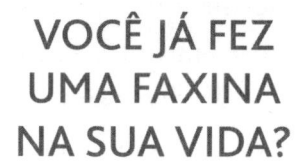

"Você já fez uma faxina na sua vida?" é a minha coluna de maior sucesso na *Folha de S.Paulo*. Ela foi publicada em 6 de maio de 2014, mas até hoje recebo e-mails de leitores perguntando: "O que é faxina existencial?".

Faxina existencial é a decisão de fazer uma limpeza em todos os domínios da nossa vida. Jogar no lixo, concreta ou simbolicamente, todas as coisas e todas as pessoas que não queremos mais. É deletar tudo o que consideramos tóxico, negativo, destrutivo, nocivo, excessivo, inútil e prejudicial. É avaliar o significado de cada objeto e de cada pessoa, e manter só os que são essenciais para a nossa felicidade.

É limpar, desapegar, deletar, simplificar, desfazer, romper, purificar, descartar, afastar, apagar, cortar, remover, suprimir, tirar, excluir, eliminar, e muitas outras formas de libertação das coisas e das pessoas que são tóxicas.

É dizer não para tudo aquilo que nos faz mal, mesmo que tenha sido algo ou alguém importante em outra fase da vida.

De diversas maneiras, e com diferentes nomes, os meus pesquisados mostraram que a faxina existencial pode ser o mais fundamental dos ingredientes para construir uma vida mais livre e mais feliz.

Uma jornalista, de 51 anos, contou que fez uma "faxina material":

"Eu morava em um apartamento de quatro quartos, cheio de quinquilharias que acumulei durante toda a vida. Não conseguia me desapegar de nada do passado: um jogo de talheres horroroso que ganhei da minha mãe, uma escultura monstruosa do meu pai, uma poltrona fedorenta do meu ex-marido. Mudei para um conjugado e dei tudo o que não queria mais: sapatos, bolsas, roupas, muitas ainda com a etiqueta. Quando você acumula lixo, não sobra espaço para as coisas que você ama de verdade".

Já um engenheiro, de 69 anos, fez uma "faxina virtual":

"Saí do Facebook e não tenho mais grupos no WhatsApp. Não aguentava mais ver os meus amigos e a minha família se xingando, brigando e vomitando violência. Podem me chamar de velho gagá, mas cansei dos discursos agressivos e blá-blá-blás raivosos. Não quero mais na minha vida esse tipo de gente que só se alimenta de ódio".

Para uma médica de 58 anos, a "faxina profissional" foi o caminho para se reinventar e conseguir sobreviver ao maior sofrimento da sua vida:

"Estava no auge da minha profissão, ganhando dinheiro e sendo convidada para falar em eventos internacionais. Depois de perder minha mãe, resolvi largar tudo e estudar filosofia. Não gostava das pessoas arrogantes que encontrava nos congressos, odiava sorrir e dar beijinhos em gente tão metida. Quero aproveitar a vida do meu jeito: ler mais livros, ver mais filmes, ter tempo para os amigos e fazer o que eu gosto de verdade".

Uma cantora, de 50 anos, resolveu fazer uma "faxina energética":

"Decidi me separar de um namorado porque as nossas energias não casavam, fazíamos muito mal um ao outro. Tentei manter a nossa amizade, mas não combinávamos energeticamente nem como amigos. É mais do que uma incompatibilidade de gênios, é uma incompatibilidade de energias".

Segundo uma estudante de moda de 21 anos, a "faxina afetiva" é uma forma de despoluir a própria vida:

"Limpei da minha vida todas as pessoas que conseguiam destruir o meu amor-próprio. Comecei com uma amiga da faculdade que tinha um prazer sádico em me botar para baixo. Estou finalmente livre da vibração destrutiva dela. Também me distanciei de uma prima invejosa e fofoqueira. Fiz uma faxina radical, uma espécie de despoluição da minha vida e de purificação da minha alma".

Um empresário, de 63 anos, afirmou que está fazendo uma "faxina ampla, geral e irrestrita":

"Estou me afastando de todas as pessoas desonestas, interesseiras e parasitas, especialmente de um irmão que só me explorou durante toda a vida. Ele nunca paga o que me deve, só telefona para pedir dinheiro, faz chantagem emocional. Não é por ser meu irmão que sou obrigado a conviver com um parasita que só quer o meu dinheiro. Também não falo mais com um cunhado que é o maior canalha que eu já conheci".

Alguns pesquisados contaram que, apesar da vontade, não têm a coragem necessária para fazer a faxina. Afirmaram que jogar fora as coisas velhas é fácil, mas que é impossível deletar todas as pessoas destrutivas de suas vidas:

"O que posso fazer para me proteger da energia negativa de pessoas próximas? E se for um irmão que só liga para pedir dinheiro e favores e nunca dá nada em troca? Ou uma velha amiga que se tornou invejosa e fofoqueira? E se for um colega de trabalho mentiroso e competitivo? Ou uma vizinha barulhenta e encrenqueira? E se for um amigo que só me critica e faz brincadeirinhas desagradáveis?".

Para se distanciar de pessoas tóxicas, que não podem ser completamente deletadas, é recomendável uma "faxina psicológica", como fez uma professora de 45 anos:

"Já que não dá para descartar todas as pessoas invejosas e maléficas da minha vida, aprendi a construir uma barreira psicológica para não me deixar afetar por elas. Tem uma professora que faz questão de exibir sua superioridade intelectual, provar que é brilhante e que eu sou uma merda. Em uma palestra que dei, ela ficou o tempo todo rindo e fazendo comentários irônicos para me humilhar. Foi a gota-d'água. Criei um eficiente mecanismo de proteção: ignoro completamente a existência dessa pessoa, nem cumprimento mais. Ela morreu para mim, não existe mais, não tem mais qualquer poder sobre a minha vida".

Nos diferentes discursos sobre a importância da faxina, apareceu o desejo de simplificar a vida, de ser mais livre e feliz, e também de usar o próprio tempo de uma forma mais prazerosa, positiva e produtiva. De acordo com uma médica de 65 anos, o tempo é uma riqueza que não pode ser desperdiçada com pessoas nocivas:

"Aprendi a dizer não para todas as pessoas que me fazem mal, e a dizer sim somente para aquelas que contribuem para a minha felicidade. O meu tempo é o meu maior tesouro. Chega de desperdiçá-lo com pessoas que sugam a minha energia, saúde e alegria de viver. Parece fácil, mas demorei mais de sessenta anos para faxinar da minha vida todas as pessoas destrutivas".

Como demonstram os meus pesquisados, fazer a faxina existencial é um passo necessário para construir uma vida mais livre e mais feliz. A faxina material é relativamente fácil. Jogar fora, ou doar roupas, sapatos, bolsas, livros, tralhas e cacarecos pode até doer um pouco, mas não se compara ao desafio e à coragem de se libertar das pessoas tóxicas que não queremos mais em nossa vida.

VOCÊ JÁ FEZ UMA FAXINA NA SUA VIDA?

VOCÊ SABE RECONHECER UM VAMPIRO EMOCIONAL?

Muitas vezes somos obrigados a conviver com pessoas tóxicas, negativas e destrutivas, que sugam a nossa energia, saúde e alegria: os vampiros emocionais. Eles podem ser pessoas próximas: amigos invejosos, colegas de trabalho perversos, pais chantagistas, filhos parasitas, irmãos gananciosos, vizinhos encrenqueiros etc.

Os vampiros, como disse uma professora de 45 anos, são prejudiciais para a saúde física, psicológica e espiritual:

"Na minha faculdade tem uma professora que é tão invejosa, ressentida e amarga, que eu fico doente só de sentar ao lado dela. Está sempre fazendo fofocas e intrigas, desrespeitando os colegas e humilhando os alunos. Só faz acusações e críticas que acabam com a saúde de qualquer um. É uma vampira, é do mal. Já pensei até em pedir demissão só para me afastar da maldade dela".

De acordo com uma arquiteta de 42 anos, os vampiros são mestres em manipular e destruir a autoestima das pessoas:

"Um namoradinho de adolescência reapareceu na minha vida pelo Facebook. Eu ficava horas escutando os seus problemas amorosos e profissionais. Era só ele, ele e ele. Comecei a me sentir um lixo. Descobri que ele era um sanguessuga que estava roubando o meu tempo e destruindo a minha autoestima. Cansei e o deletei do meu Face e da minha vida".

Segundo uma jornalista de 37 anos, é possível reconhecer os vampiros pela energia negativa que eles exalam:

"Tenho uma prima que é tão vampira que fico péssima só de ficar perto dela. Quando isso acontece, eu imediatamente mudo de lugar. Ela está sempre reclamando, se queixando, falando mal dos outros. É tão negativa que contagia todo o ambiente e todas as pessoas com a sua energia ruim".

Nem todos conseguem reconhecer com facilidade um vampiro emocional. Como disse uma atriz, de 56 anos, quando não sabemos como reconhecê-lo, não temos as ferramentas necessárias para nos proteger do mal que ele pode causar:

"Os vampiros são dissimulados, mentirosos e excelentes atores. Fingem que são inofensivos, bonzinhos, coitadinhos, vítimas indefesas. Eles podem ainda ser charmosos e sedutores. Eu acreditei na farsa de um ex-namorado e emprestei dinheiro para que ele comprasse uma moto. Só descobri que se tratava de um vampiro quando senti que ele roubava a minha alegria de viver. Quando estávamos juntos, me sentia completamente sugada, exausta, doente".

Uma jornalista, de 29 anos, demorou para descobrir que a sua melhor amiga é uma vampira:

"Eu tenho uma amiga de infância que sempre considerei a minha melhor amiga. Quando meu pai morreu, a primeira coisa que eu fiz foi ligar para ela. Não acreditei quando ela me interrompeu e começou a contar uma briguinha que teve com o namorado. Só então percebi que ela é uma vampira egoísta e insensível, que se aproveitou a vida inteira da minha amizade e nunca me deu nada em troca".

Alguns pesquisados compararam os vampiros com uma espécie de parasita, que se instala na vida das pessoas e não quer sair nunca mais dali. Eles lembraram que os parasitas vivem em associação com os humanos, dos quais retiram os meios para a sua sobrevivência, prejudicando o organismo hospedeiro. E mais, o parasitismo pode causar doenças graves e até mesmo provocar a morte.

Como seria impossível classificar todos os tipos de parasitas que foram citados pelos meus pesquisados, darei apenas alguns exemplos dos que foram mais mencionados.

Filhos parasitas

Não estudam, não trabalham e não fazem porra nenhuma. Consideram-se artistas incompreendidos, que um dia serão descobertos e reconhecidos, farão sucesso e ficarão milionários. Acham que merecem ser "pai-trocinados pelo resto da vida", como os definiu um engenheiro de 63 anos:

"Com 35 anos eu já sustentava mulher e dois filhos. Meu filho tem 35, não estuda, não trabalha e não faz porra nenhuma da vida. O quarto dele parece o de um moleque de 15 anos. Fica o dia inteiro no computador, no celular e na televisão. Nunca ganhou um tostão. Pago todas as suas despesas e ainda sou chamado de pão-duro e muquirana. E ainda me trata como um imbecil que não enxerga que ele é um gênio e merece ser pai-trocinado pelo resto da vida".

Pais parasitas

Fazem chantagem emocional e sofrem de doenças imaginárias para ganhar a atenção dos filhos. Apesar de os filhos serem presentes, darem amor, atenção, carinho – e frequentemente dinheiro –, nunca é o suficiente, como afirmou um arquiteto de 51 anos:

"Minha mãe se faz de vítima o tempo todo. É insuportável. Vive dizendo que se sacrificou para criar os filhos e agora só recebe migalhas e patadas. Todos os sábados e domingos ficamos com ela, telefonamos várias vezes por dia, mas a reclamação de que está completamente abandonada é constante. Quer dedicação 24 horas por dia, diz que somos filhos ingratos e desnaturados. Ela só tem 72 anos, uma saúde ótima, mas toda hora inventa uma doença para chamar nossa atenção".

Irmãos parasitas

Pegam dinheiro emprestado e nunca pagam, não contribuem para as despesas da casa e não ajudam nos serviços domésticos, como relatou uma fonoaudióloga de 32 anos:

"Meu irmão mora comigo há mais de dois anos sem pagar nada. Ele diz que não pode trabalhar porque está estudando para passar em um concurso público. E fica puto quando peço para ele arrumar o quarto e pagar o dinheiro que emprestei. Me xinga de gorda histérica, baleia encalhada, piranha mal-amada".

Cônjuges parasitas

Não suportam dividir o amor e a atenção do cônjuge com outra pessoa, nem mesmo com os próprios filhos, como revelou uma fisioterapeuta de 29 anos:

"Meu marido suga toda a minha energia. Exige a minha atenção em tempo integral, não faz nada sozinho. Não me ajuda em nada e ainda reclama que não cuido mais dele como antes, não faço mais as comidinhas que ele tanto gosta. Faz drama o tempo todo, acha que está sendo rejeitado. Ele está com inveja do amor, carinho e atenção que dedico para o nosso bebê. Compete com o próprio filho".

Amigos parasitas

Pedem eletrônicos, cremes, perfumes, roupas, tênis e outros produtos caros quando os amigos viajam para o exterior. Gostam de ter amigos ricos para ir a bares, restaurantes e festas sem pagar nada, como disse um produtor musical de 55 anos:

"Tenho um amigo que só me liga para pedir dinheiro emprestado e nunca devolve, também nunca paga a parte dele em bares e restaurantes. Como eu tinha muitas milhas vencendo, perguntei se ele queria uma passagem para Paris ou

Nova York de presente de aniversário. Sabe o que ele respondeu? Quero sim, mas só se você me emprestar algum dinheiro para a viagem".

Os parasitas não acham que parasitam, assim como os vampiros não acham que vampirizam. Acreditam que merecem toda a atenção, tempo e dinheiro dos outros, pois se julgam pessoas extraordinárias, especiais e superiores. Acham que é um direito deles receber tudo o que desejam, sem dar nada em troca. Só têm interesse por eles mesmos e não prestam atenção no que os outros precisam. Costumam responsabilizar e culpar os outros por todos os seus problemas, dificuldades e fracassos. Se são superiores às demais espécies, por que deveriam trabalhar para ganhar dinheiro e se sustentar? Por que seriam os responsáveis pelas próprias vidas se acham que outras pessoas têm a obrigação – e o privilégio – de cumprir esse papel?

Os parasitas e os vampiros não são apenas preguiçosos, egoístas, interesseiros, chantagistas e manipuladores. Eles podem ser perversos, maléficos, sádicos, narcisistas, arrogantes, cruéis, rancorosos, ressentidos, venenosos e odientos.

O que fazer para se proteger de pessoas tão tóxicas?

Uma médica, de 65 anos, mostrou como conseguiu se libertar dos parasitas e dos vampiros:

"Em primeiro lugar eu me afastei das pessoas que me fazem mal, bloqueei todas nas minhas redes sociais, não tenho mais qualquer tipo de contato com elas. No trabalho, quando não dá para evitá-las, mantenho apenas o mínimo de contato necessário, numa relação estritamente profissional, formal e distante, sem qualquer tipo de intimidade".

Ela contou que, infelizmente, não pode se livrar em definitivo de algumas pessoas tóxicas da família:

"Fujo das reuniões familiares para não me encontrar com uma cunhada maledicente e invejosa. Quando sou obrigada a ir a alguma festa, fico bem longe dela. Não gasto energia com quem não merece. Por que vou desperdiçar meu tempo, que é o meu bem mais precioso, com quem tem prazer em destruir a minha saúde, meu equilíbrio e minha paz de espírito?".

Por fim, ela receitou os melhores remédios contra parasitas e vampiros emocionais:

"Eu sigo o conselho de Nietzsche: ignoro e dou boas risadas. Aprendi a fazer isso com as pessoas que me fazem mal, evito o máximo possível qualquer contato físico com elas. Simplesmente as ignoro, elas não existem mais para mim. Mas também aprendi a rir desses seres medíocres e desprezíveis, que só sentem prazer quando conseguem azucrinar a vida dos outros. Descobri que ignorar e rir são os melhores remédios para me proteger e me libertar das pessoas tóxicas".

VOCÊ SABE RECONHECER UM VAMPIRO EMOCIONAL?

___

O QUE VOCÊ MAIS INVEJA?

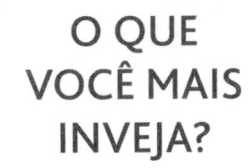

Confessar as nossas invejas é sempre difícil, como constatei quando perguntei: "O que você mais inveja em uma mulher?".

Para uma empresária de 42 anos, as mulheres são mais invejosas do que os homens:

"Já reparou que todos os sete pecados capitais são femininos? A inveja, a preguiça, a gula, a luxúria, a ira, a soberba, a avareza. E entre todos eles, a inveja é o mais vergonhoso, o mais feio e o mais escondido. As mulheres são naturalmente mais invejosas".

É óbvio que eu não acredito que as mulheres sejam naturalmente mais invejosas do que os homens. No entanto, nas minhas pesquisas, elas falaram mais abertamente sobre as suas invejas do que eles. Os homens foram econômicos nas respostas, ou se negaram a admitir que sentem inveja.

Uma professora, de 57 anos, confessou que inveja as mulheres que estão satisfeitas com elas mesmas:

"Eu me sinto miserável todas as vezes que entro no meu Instagram e no Facebook. Fico deprimida e me consumindo de inveja das mulheres que têm uma autoestima elevada. São todas poderosas, lindas e magras, têm maridos apaixonados e projetos profissionais fascinantes. Será que só eu tenho uma autoestima de merda?".

Uma empresária, de 54 anos, reconheceu que não conseguiu "curar a inveja patológica" e nem mesmo aprendeu a se valorizar:

"Apesar de ter um trabalho que eu amo, uma casa linda e uma família incrível, continuo me sentindo uma garotinha feia, medrosa e insegura. Tenho uma inveja patológica de mulheres autoconfiantes e poderosas. Não consegui melhorar a minha autoestima nem com três décadas de análise".

De acordo com uma nutricionista de 32 anos, a inveja "destrói a autoestima":

"É insuportável ver o amor incondicional que o meu namorado tem pela filha. Tudo é para ela: amor, carinho, atenção, cuidado, tempo, dinheiro. Eu me sinto uma mendiga emocional: só fico com as sobras. A minha inveja é uma tortura psicológica, destrói a minha autoestima".

Uma estudante de pedagogia, de 23 anos, afirmou que sente inveja por não saber ser autoconfiante:
"Tenho uma amiga que é alegre, simpática, carismática, tem autoestima de sobra. Tudo é fácil para ela, que não precisa mexer uma palha para ser amada por todo mundo. Eu sou sem graça, sem carisma, sem autoconfiança, sem amor-próprio. Sempre me senti o patinho feio que ninguém quer ter por perto. Tenho zero autoestima".

Chama atenção a recorrência da ideia de autoestima no discurso feminino sobre a inveja. As pesquisadas afirmaram que invejam mulheres com autoestima elevada, alta autoestima, excelente autoestima, boa autoestima, puta autoestima, autoestima positiva, autoestima de sobra. Elas também declararam que o principal motivo de sentirem inveja é baixa autoestima, autoestima de merda, porcaria de autoestima, zero autoestima, autoestima nenhuma, sem autoestima, autoestima negativa, falta de autoestima. Nenhuma, no entanto, conseguiu explicar exatamente o que é autoestima, como se a ideia fosse tão vaga e genérica que servisse para traduzir tudo o que lhes falta. E que as mulheres que elas invejam têm de sobra.

Segundo uma atriz de 56 anos, "a ideia de autoestima foi inventada só para acabar com a autoestima da gente":

"Eu detesto a palavra autoestima. Acho melhor dizer autoconfiança, segurança interior, poder subjetivo – ideias mais claras para o que a gente sente de verdade. Autoestima é uma palavra que todo mundo usa e que não significa absolutamente nada, igualzinho a estresse e virose. Por que você não veio trabalhar? Peguei uma virose. Por que você não quer transar? Estou estressado. Por que você não se separa desse cafajeste? Não tenho autoestima. Eu odeio autoestima".

E acrescentou que "todo mundo tem problema de autoestima e, consequentemente, todo mundo sente inveja":

"Lógico que eu tenho inveja, quem não tem? Ninguém se sente autoconfiante e seguro o tempo todo. Sempre falta algo para preencher o vazio interior. Acho uma mentira deslavada quando alguém diz que não inveja nada. Os invejosos enrustidos são os mais perigosos: ficam dentro do armário, prontos para atacar quem eles invejam. Inveja é uma merda, mas todo mundo tem".

Ela também revelou que é possível transformar a inveja ruim em inveja boa:

"Acho preconceituoso falar em inveja branca, prefiro chamar de inveja boa. Quando sinto inveja, tiro o foco da outra pessoa e coloco o foco em algo de bom que posso fazer por mim. Uma vez senti inveja de uma mulher linda que roubou a atenção do meu namorado, ele ficou louco por ela. Fiquei puta, mas acabou sendo uma inveja boa. Primeiro, porque me livrei de um traste. Segundo, porque no dia seguinte decidi fazer uma coisa que sempre desejei. Fiz uma mala pequena, comprei uma passagem só de ida e passei um mês inteiro viajando pela Itália".

De acordo com uma figurinista de 39 anos, "todo mundo tem inveja, pois sempre tem alguma coisa que a pessoa não tem e acha que a outra tem":

"Tenho inveja de uma amiga casada com um milionário. Um belo dia ela confessou que morre de inveja da minha alegria, da minha espontaneidade, do meu carisma e do meu borogodó. Morri de rir quando ela disse isso, não fazia a menor ideia de que ela, tão linda e milionária, invejasse o meu borogodó. Foi uma delícia saber que ela me inveja. Resumo da ópera: todo mundo tem inveja, sempre tem alguma coisa que a pessoa não tem e acha que a outra tem".

Para lidar melhor com a inveja, ela parou de colocar uma lente de aumento em seus defeitos:

"Como me tornei menos invejosa? Em vez de ficar sofrendo com as coisas que me faltam, aprendi a valorizar as qualidades que tenho. Não sou rica, magra ou linda, mas sou engraçada, alegre e, como disse a minha amiga, tenho borogodó. Vou alimentar as coisas boas que tenho, e não sofrer pelas coisas que não tenho. Aprendi a gostar de mim do jeitinho que sou".

Quando me perguntam: "O que você mais inveja em uma mulher?", respondo que é a autoconfiança, o equilíbrio, a serenidade, a simplicidade, a leveza, a coragem, a alegria e a paz interior.

Um amigo que está estudando filosofia disse que eu poderia resumir as qualidades que invejo em uma única palavra: ataraxia. Ele me ensinou que ataraxia é um estado lúcido e tranquilo, caracterizado pelo equilíbrio emocional e tranquilidade da alma, e pela ausência de preocupação, inquietude e ansiedade. Pode ser só uma fantasia que criei, mas conheço algumas mulheres que se encaixam na descrição que ele fez de ataraxia.

As mulheres que invejo são autoconfiantes, seguras, equilibradas, serenas, calmas, tranquilas, alegres, realizadas e satisfeitas com as suas escolhas amorosas e profissionais. Elas não se deixam afetar pelas críticas e pelos julgamentos

dos outros, não sofrem para provar o próprio valor, não sentem culpa ao dizer não. O que mais invejo é que elas não são ansiosas, preocupadas e tensas, sabem como se desligar dos problemas na hora de ir para a cama e dormem tranquilamente.
 Sofro, como milhões de brasileiras, com as minhas noites de insônia. O Brasil já foi chamado de "Nação Rivotril" por ser o maior consumidor do medicamento. Experimentei só uma vez o ansiolítico e não gostei do efeito. Mesmo sendo uma tortura passar as noites em claro, prefiro não tomar calmantes. Por isso, invejo as mulheres que dormem tranquilamente.
 Como aprendi a administrar a minha inveja? Não tendo vergonha de admitir que sinto inveja. Em vez de negar o meu sentimento, procurei descobrir as razões de sofrer com o que me falta. Além disso, perguntei a mulheres que considero invejáveis se elas também sentem inveja. Assim, constatei que sentir inveja é absolutamente normal, já que todo mundo deseja o que falta em suas vidas.
 Tenho certeza de que, se conhecer mais profundamente a vida das mulheres que invejo, vou descobrir que elas não são tão autoconfiantes, seguras, poderosas, realizadas e felizes como imagino. E que, na vida real, elas também devem se

comparar com outras mulheres e sentir inveja do que lhes falta. Talvez nem durmam tão tranquilamente assim.

Por mais paradoxal que possa parecer, e apesar de toda a negação em confessar o pecado capital mais abominável, a inveja pode ser uma excelente professora, se soubermos decifrar o que ela esconde por trás de todo sofrimento que provoca.

O QUE VOCÊ MAIS INVEJA?

O QUE FALTA PARA VOCÊ SER MAIS FELIZ?

Descobrir se as pessoas são ou não felizes não é uma tarefa fácil para o pesquisador. Conseguimos analisar as suas respostas, os seus discursos, o que elas querem e podem falar sobre felicidade, mas não temos como saber o que elas efetivamente pensam e sentem interiormente. No entanto, como tenho o propósito de descobrir os caminhos para uma vida mais feliz, realizei entrevistas em profundidade com homens e mulheres para buscar compreender os seus desejos, expectativas e experiências concretas de felicidade.

Quando perguntei: "O que falta para você ser mais feliz?", as respostas mais frequentes foram dinheiro, trabalho, casa própria, carro novo, viagens para o exterior e outros sonhos de consumo, como mostrou um músico de 39 anos:

"Eu seria mais feliz se conseguisse ganhar o mínimo para morar sozinho. Não tenho carro e ainda moro com a minha mãe. Como músico, sei que nunca vou ganhar o suficiente para ser independente. Meus irmãos têm muita grana, carros do ano, viajam frequentemente para os Estados Unidos e Europa. Sou o único fracassado da família".

Um advogado, de 41 anos, respondeu que precisa ganhar na loteria para ser mais feliz:

"Uma pessoa que levanta às 6 horas da manhã, fica quase duas horas no trânsito e é obrigada a conviver com gente escrota e mau-caráter não tem a menor chance de ser feliz. O único cara legal do meu trabalho largou tudo e foi morar em uma praia na Bahia. Gostaria de fazer a mesma coisa, mas tenho dois filhos pequenos. Só se eu ganhasse na loteria".

Já uma figurinista, de 39 anos, confessou que seria mais feliz se tivesse um marido rico:

"Minha melhor amiga se casou com um milionário, parou de trabalhar e vive viajando pelo mundo. Eu também queria ter um marido que me desse um cartão de crédito sem limite e que resolvesse todos os meus problemas financeiros sem pestanejar. Por que eu preciso trabalhar tanto para pagar as minhas contas e ela só precisa ser linda e magra? É muita injustiça".

Muitas mulheres disseram que seriam mais felizes se fossem mais magras, como uma professora de 33 anos:

"Se eu conseguisse perder pelo menos dez quilos, seria mais feliz. Depois de ter meu filho engordei mais de vinte quilos. Ele já tem 5 anos e eu ainda não consegui emagrecer. Já fiz de tudo, até as maiores loucuras. Morro de inveja de uma amiga que teve dois filhos e está magra. Por que ela conseguiu e eu não consigo? É um sofrimento insuportável".

Uma arquiteta, de 42 anos, contou que está "com vontade de fazer uma cirurgia plástica para se sentir mais feliz":

"Uma amiga do trabalho fez lipoaspiração e colocou prótese de silicone, e agora está toda feliz e cheia de autoestima. O marido prometeu um carro se ela desistisse. Ela foi poderosa: 'Estou fazendo isso para mim, não para você. Tenho dinheiro para pagar a cirurgia e comprar o carro que eu quiser'. Todas as mulheres do meu escritório ficaram com vontade de fazer a mesma coisa, inclusive eu. Até aquelas que não precisam estão pensando nisso, só para se sentirem tão felizes quanto ela".

É interessante comparar os resultados da questão: "O que falta para você ser mais feliz?" com as respostas da pergunta: "Em que momento do dia você se sente mais feliz?".

Inúmeros pesquisados disseram que "o momento mais feliz do dia é a hora de chegar em casa", como uma dentista de 36 anos:

"A hora em que me sinto mais feliz é quando chego em casa e vejo meu marido e meus filhos brincando, escuto suas risadas gostosas, e eles dizem que sou a melhor mãe do mundo. Não tem nada mais feliz do que receber um abraço carinhoso dos filhos e um beijo do marido. Eles são o maior presente que ganhei de Deus".

Um engenheiro, de 57 anos, afirmou que é feliz com os pequenos prazeres da sua vida:

"Meus momentos mais felizes não custam nada. Sou feliz quando jogo futebol com os amigos e bebo minha cervejinha, ou quando fico em casa escutando uma boa música e lendo um bom livro. E lógico, quando faço um amor gostosinho com a minha namorada".

Caminhar pela praia é o momento mais feliz do dia de uma médica de 39 anos:

"Depois de um dia desgastante de trabalho, não existe melhor sensação do que caminhar sozinha na praia, em silêncio, sentindo o calor da areia. Fico emocionada ao ver o pôr do sol fechando o meu dia. É quando me sinto completamente conectada com a natureza, com Deus e com a minha alma".

Uma dona de casa, de 98 anos, declarou que a hora mais feliz do dia é quando está com as amigas:

"Não digo que sou viúva, digo que sou solteira. Desde a morte do meu marido não preciso mais dar satisfação para ninguém: faço o que quero, na hora em que quero e gasto o meu dinheiro como quero. Meus filhos me acolhem muito, mas sou bastante independente. Tenho um grupo ótimo de amigas, todas bem alegres e inteligentes. Quase todos os dias nos encontramos para rezar o terço, conversar, cantar, dar risadas. Sou muito feliz e gosto muito de viver. Ser solteira é uma maravilha".

É curioso perceber que as respostas mais frequentes para: "O que falta para você ser mais feliz?" foram: dinheiro, consumo, poder e aparência – desejos abrangentes, abstratos e até mesmo inalcançáveis. Os pesquisados buscaram, ao falar sobre o que lhes falta, referências de pessoas próximas, que têm o que eles tanto desejam. Mostraram que a comparação com outras pessoas – mais ricas, mais bem-sucedidas, mais magras, mais bonitas, mais poderosas – provoca inveja, frustração e sofrimento. A expectativa irreal de felicidade – uma fantasia ou ilusão baseada na vida de outras pessoas supostamente mais felizes –, parece ter como principal resultado a insatisfação com a própria vida e, em muitos casos, a infelicidade.

No entanto, quando mudaram o foco para a experiência concreta de felicidade, eles não se compararam a ninguém. Ao responderem à pergunta: "Em que momento do dia você se sente mais feliz?", mencionaram situações simples, que não custam praticamente nada, como receber um abraço carinhoso dos filhos, caminhar na areia, ouvir uma boa música, ler um bom livro, dar risadas, estar com os amigos. Todos falaram de suas experiências mais cotidianas, e não se compararam com outras pessoas, supostamente mais felizes.

A discrepância entre a expectativa irreal de felicidade e a experiência concreta de felicidade, comprova a importância de fazer a pergunta certa. Quando perguntei sobre o que falta para ser mais feliz, os pesquisados colocaram o foco no que não têm, no que gostariam de ter, no que os outros têm e eles não. Mas quando perguntei sobre o momento do dia em que se sentem mais felizes, eles voltaram o foco para aquilo que possuem: suas experiências únicas, especiais, insubstituíveis e incomparáveis.

Descobri, com a minha arte de pesquisar, que é necessário aprender a formular boas perguntas para a nossa vida. Então, para avaliar melhor a nossa felicidade, em vez de perguntar: "O que me falta para ser mais feliz?", não seria melhor perguntar: "Em que momento do dia me sinto mais feliz?".

Talvez, ao aprender a formular a pergunta certa, possamos encontrar mais facilmente as respostas sobre o que é realmente essencial para construir uma vida mais feliz.

O QUE FALTA PARA VOCÊ SER MAIS FELIZ?

_____
_____
_____
_____
_____
_____
_____
_____
_____
_____
_____
_____
_____
_____
_____
_____
_____
_____
_____
_____
_____
_____

VOCÊ GOSTARIA DE SER MAIS LEVE?

Diariamente recebo mensagens de leitores comentando as minhas colunas na *Folha de S.Paulo*. Mensagens que guardo como um tesouro, com histórias de paixões, traições, alegrias e sofrimentos. Fico surpresa com a facilidade com que se abrem comigo sem me conhecerem pessoalmente. Eles me pedem conselhos e contam coisas íntimas, como se eu fosse uma amiga de infância. Algumas vezes sugerem temas para as minhas colunas. Uma das sugestões mais interessantes foi a de uma psicóloga, de 32 anos, indignada com a preferência do marido pelas mulheres leves:
"Você escreveu que 60% das mulheres que pesquisou querem rir e brincar mais, querem ser mais leves. Eu não aguento mais ouvir meu marido elogiar as mulheres leves. Por coincidência, todos os exemplos que ele dá são de mulheres que não trabalham e não se preocupam com as tragédias sociais e as crises políticas e econômicas do país".

Ela pediu que eu escrevesse sobre "a ditadura da leveza":

"Lógico que eu gostaria de rir mais, brincar mais, ser mais leve. Porém se isso significa aquela mulher sempre sorridente, que não se preocupa com nada, alienada, aí eu nunca vou ser leve. O que quer dizer ser leve? Que devo ser alegrinha, divertida, superficial, submissa e aceitar tudo sem reclamar? Você tem que escrever sobre a obrigação das mulheres serem leves. Você precisa escrever sobre a ditadura da leveza".

Querer ser mais leve, ou querer que o parceiro seja mais leve, é um desejo frequente dos meus pesquisados.

Um engenheiro, de 62 anos, desabafou que a esposa, "apesar de magra de corpo, não consegue ser leve de alma":

"Minha mulher está sempre insatisfeita, reclama e exige demais. É perfeccionista e crítica com ela mesma. Vive se comparando com mulheres mais jovens, magras e bonitas. Quer fazer mil coisas ao mesmo tempo e fica exausta, neurótica, doente. Só sobrevive à base de remédios".

Uma professora, de 35 anos, disse que precisa ser mais leve, pois não aguenta mais ser tão "chata, cri-cri, pentelha":

"Nós mulheres somos insuportáveis, não sabemos brincar e rir de nós mesmas. Tudo é intenso e tenso, rola uma DR por qualquer coisinha. Meu marido não suporta mais discutir a relação por causa de tampa da privada levantada e toalha molhada na cama. Não dá para ser um pouco mais leve e não levar tudo tão a sério?".

Segundo uma arquiteta de 42 anos, a leveza não é só um estado de espírito ou um aspecto da personalidade. Não se trata apenas de ser mais divertida, alegre e bem-humorada. É, acima de tudo, uma atitude que se tem diante da vida, uma forma mais simples, equilibrada e saudável de lidar com as dificuldades, problemas e crises:

"O que é ser leve? É ser verdadeira, autêntica, espontânea. É conhecer profundamente o que você quer e o que é necessário para ser feliz. É se preocupar mais com a essência do que com a aparência, com o interno do que com o externo, com o subjetivo do que com o objetivo, consigo mesma do que com o outro".

Para ela, saber dizer não, sem culpa, é o elemento mais decisivo para se ter uma vida mais leve, plena e feliz:

"Eu assumia todos os tipos de responsabilidades profissionais e familiares. Todo mundo me elogiava: 'Como ela é generosa, não briga com ninguém, faz tudo o que a gente pede sem reclamar'. Depois da minha separação mudei radicalmente. Resolvi parar de ser a boazinha que só diz sim para todo mundo, menos para mim mesma. Ser leve é aprender a dizer não para tudo aquilo que você não quer e não precisa mais".

Um fotógrafo, de 43 anos, descreveu a leveza como resultado da escolha por uma vida mais simples.

"Não dá para querer ser leve e ter obsessão por dinheiro, consumir compulsivamente, ser deslumbrado por modas e viciado em celular. Ser leve é uma escolha existencial, é a opção por uma vida mais simples, com mais alegria e satisfação interior".

Ele acrescentou que "o segredo da felicidade é ser minimalista":

"Quanto mais coisas uma pessoa tem, mais preocupações tem com elas. Quanto mais rica, mais medo de perder tudo. Quanto mais roupas, mais acha que não tem nada para vestir. Quanto mais obrigações, mais se sente insatisfeita. O segredo da felicidade é ser minimalista. É ter e querer só o que é básico e significativo para a sua vida. Mais nada".

Em todos esses anos pesquisando e buscando a minha felicidade, descobri a importância da leveza para conquistar uma vida mais simples e prazerosa. Em 8 de maio de 2015, dia em que me tornei professora titular da Universidade Federal do Rio de Janeiro, tomei uma decisão que pode parecer um verdadeiro absurdo para as mulheres. Prometi que, durante um ano, não iria comprar nada para meu uso pessoal: vestidos, saias, blusas, calças, sapatos, bolsas etc. No mesmo ano, doei mais da metade de tudo o que eu tinha para diferentes pessoas e instituições. Nunca fui consumista e seguidora de modas, mas tinha coisas que nunca havia usado e que não combinavam comigo: sandálias de salto alto, sapatos de bico fino, blusas estampadas, bolsas enormes. Fiquei só com o que eu gosto e uso mais frequentemente: calças jeans, leggings, casaquinhos, camisetas, shorts, biquínis e tênis.

Basicamente só saio de casa para dar aulas e palestras, viajar a trabalho, fazer entrevistas e estudos para as minhas pesquisas, participar de debates e de programas de televisão, encontrar os amigos, ir ao supermercado, à farmácia, ao banco e coisas desse tipo. Quase todos os dias, após muitas horas escrevendo e lendo, gosto de caminhar descalça na areia da praia. Levo comigo apenas uma caneta e um papel em branco para anotar as minhas ideias. E, para esse estilo de vida, tenho roupa suficiente para muitos anos. Talvez até para o resto da minha existência.

Não tenho empregada ou faxineira. Uso a máquina de lavar somente para lençóis e toalhas, e gosto de lavar no tanque, à mão, as minhas roupas. Ter cada vez menos coisas, mais fáceis de manter e organizar, facilitou as minhas tarefas domésticas e a minha vida como um todo.

Em maio de 2016, com o fim da promessa, em vez de voltar a consumir, decidi continuar com o meu exercício de leveza e não comprar, durante mais um ano, uma só peça de roupa, nem mesmo uma meia ou um lencinho. Não foi um sacrifício ou um teste de abstinência. Apenas percebi que não precisava – nem queria – nada além do que já tinha nos armários.

Escuto, com muita frequência, e não sei dizer se em tom de crítica ou de elogio: "Nossa, como você é simples. Imaginava que você fosse muito diferente".

Recentemente, após fazer uma palestra sobre corpo e envelhecimento, uma mulher me perguntou: "Mas você não tem vaidade alguma? Nunca usa maquiagem, joias, salto alto? Como você consegue ser tão simples e básica?". Respondi que sou vaidosa, sim, mas que a minha vaidade está em outro lugar. Por exemplo, adoro quando a minha coluna na *Folha de S.Paulo* fica em primeiro lugar entre as mais lidas e comentadas pelos leitores, ou quando alguém elogia meus livros e minhas palestras.

Em dezembro de 2018 decidi simplificar ainda mais a vida. Doei quase todos os livros de antropologia, história, filosofia, psicologia, e aqueles sobre corpo, família, sexualidade, casamento, amor, consumo, juventude, beleza etc. Fiquei só com os livros de Simone de Beauvoir e alguns sobre envelhecimento e felicidade. Doei quase 5 mil livros para escolas, bibliotecas e alunos que, com certeza, irão aproveitar tudo o que li e reli durante mais de quatro décadas. Foi o desapego mais difícil de todos e, até hoje, sinto saudade dos meus livros. Muitos nem cheguei a folhear, e fico imaginando tudo o que poderia ter aprendido se tivesse tido tempo para ler os milhares de livros que comprei compulsivamente ao longo da minha vida. Foi, com certeza, o maior e o melhor investimento que já fiz. E também o que me deixou mais triste na hora de dizer adeus.

Além de limpar os excessos do meu guarda-roupa e da minha biblioteca, ainda preciso fazer uma faxina existencial para me libertar dos vampiros emocionais. Quero ficar apenas com as coisas e com as pessoas que me fazem feliz.

Já se passaram mais de quatro anos desde o dia em que resolvi tornar a vida mais leve e me desfazer de tudo o que não quero e não preciso mais. Continuo até hoje sem comprar roupas, sapatos, bolsas etc. E, por mais inacreditável que possa parecer, ainda tenho muita coisa para doar ou jogar no lixo.

Preciso confessar, no entanto, que tenho um truque para driblar as eventuais crises de abstinência. Em todos os meus aniversários, nas comemorações do nosso casamento e nas festas de fim de ano, meu marido só me dá de presente as coisas que eu mesma escolho. Quase sempre algo que estou precisando bastante, como um tênis novo ou um casaquinho.

Demorei para descobrir que pouquíssimas coisas são essenciais para a minha felicidade. O exercício da leveza foi o melhor caminho – e o mais desafiador – que encontrei para ter uma vida mais simples, livre e feliz.

VOCÊ GOSTARIA DE SER MAIS LEVE?

VOCÊ CONHECE O JOGO DO CONTENTE?

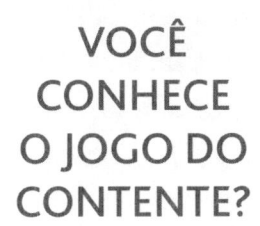

Em *Por que homens e mulheres traem?* revelei que, nas relações afetivo-sexuais que tenho pesquisado nas últimas três décadas, as mulheres se mostraram muito mais insatisfeitas do que os homens. Quando perguntei: "Quais são os principais problemas que você vive (ou viveu) nos seus relacionamentos amorosos?", as mulheres responderam: Falta de reciprocidade, falta de reconhecimento, falta de respeito, falta de intimidade, falta de escuta, falta de comunicação, falta de diálogo, falta de atenção, falta de romance, falta de elogio, falta de sexo, falta de tesão, falta de maturidade, falta de responsabilidade, falta de compatibilidade, falta de liberdade, falta de individualidade, falta de organização, falta de companheirismo, falta de cumplicidade, falta de amizade, falta de cuidado, falta de comprometimento, falta de tempo, falta de admiração, falta de dinheiro, falta de interesse, falta de sensibilidade, falta de intensidade, falta de igualdade, falta de alegria, falta de paixão, falta de amor, falta de confiança, falta de sinceridade, falta de fidelidade, falta de beijo na boca e muitas outras faltas. Algumas ainda disseram: falta tudo.

Os homens responderam que o principal problema nas relações amorosas é a falta de compreensão. Também citaram falta de carinho e falta de cuidado. Enquanto eles foram extremamente econômicos e objetivos nas suas respostas, algumas mulheres chegaram a anexar algumas folhas a um questionário aplicado, para acrescentar mais e mais faltas masculinas.

Uma das maiores insatisfações femininas, entre as incontáveis citadas, é a falta de reciprocidade. Elas acreditam que investem muito mais do que eles no sucesso do relacionamento. Elas também reclamaram de falta de intimidade. Para elas, a intimidade é uma forma profunda de comunicação, de confiança e de entrega emocional.

De acordo com uma professora de 41 anos, "os homens não sabem o que é intimidade":

"Meu marido acha que intimidade é ficar de porta aberta quando vai ao banheiro, andar pelado por todos os cômodos da casa, ficar abraçadinho depois de transar. A maior prova de intimidade para ele é não ter vergonha de soltar um pum na minha frente. Os homens não conseguem se entregar emocionalmente, não sabem o que é a verdadeira intimidade".

Já os homens afirmaram que são injustamente cobrados por não conseguirem atender às excessivas demandas das mulheres. Eles não se sentem compreendidos por elas, que, sempre insatisfeitas, não reconhecem seus esforços para corresponder às ilimitadas – e muitas vezes contraditórias – exigências femininas.

Um engenheiro, de 62 anos, afirmou que a esposa quer que ele seja igualzinho ao que era no início do namoro:

"Ela vive reclamando que eu mudei, que era romântico, fazia declarações de amor e gostava de dar beijo na boca. Lógico que no início da paixão só mostramos o que temos de melhor e escondemos todos os defeitos. Fingimos que somos um príncipe para conquistar a namorada. Mas não dá para ser príncipe depois de quarenta anos de casamento, não é mesmo? Logo viramos um sapo".

Para ele, no início de uma relação amorosa, características de personalidade, desejos e projetos diferentes são tolerados em função de uma vontade maior: a de construir uma vida em conjunto. Com os passar dos anos, no entanto, os propósitos individuais se tornam mais fortes, as insatisfações aumentam e as cobranças para mudar podem se tornar constantes e até mesmo cruéis:

"Pensei até em me divorciar. Não aguentava mais as reclamações da minha mulher. Mal abria a porta de casa e já escutava queixas e críticas. Ela fazia questão de ser chata. Vivia reclamando que não ajudo em casa, que não escuto o que ela fala, que não valorizo o seu trabalho, que não converso, que a nossa vida sexual é um tédio. Um poço de insatisfação. Trabalho o dia inteiro, vivo estressado e quero chegar em casa e ter um pouco de paz e sossego".

Quando a esposa reclamou pela enésima vez que ele é "um bicho do mato que não sai da toca", o engenheiro reagiu com firmeza:

"É verdade, tenho muitos defeitos. Gosto de ficar quieto em casa lendo jornal, vendo filmes e futebol. Mas me responde uma coisa: 'Você é feliz? A maior parte do tempo eu te faço feliz? Quanto por cento você é feliz comigo?'".

Depois de pensar um pouco, a esposa respondeu com um sorriso: "98%".

Ele então argumentou:

"Esquece os 2% que faltam, porque nenhum homem é perfeito. Não existe no mundo inteiro uma só mulher 100% satisfeita. Não existe mulher que não reclama do marido".

Depois da regra dos 98%, "o casamento mudou da água para o vinho". Em vez de brigar e se queixar o tempo todo, a esposa passou a dar risadas das bobagens que costumavam irritá-la:

"Ela parou de elogiar os maridos perfeitos das amigas e de me criticar na frente de todo mundo. Ela não acredita mais em príncipe encantado. E ainda faz graça com isso. Diz que, caso existisse um príncipe, não iria querer casar com ele, pois deve ser um chato de galocha insuportável".

A regra dos 98% leva ao reconhecimento e à valorização das qualidades do parceiro, e ensina a esquecer, ignorar ou minimizar "os 2% que faltam": possíveis defeitos, falhas e imperfeições. Mesmo que a porcentagem não seja tão alta quanto 98%, a regra é boa para pensar sobre a balança do amor. Será que ela está mais pesada no prato da satisfação ou no da insatisfação?

Além da regra dos 98%, aprendi o jogo do contente com um jornalista, de 43 anos, que assistiu a minha aula sobre "Amor, sexo, casamento e felicidade" na Casa do Saber do Rio de Janeiro. De forma semelhante à do engenheiro, ele buscou uma saída para lidar com as inúmeras reclamações da esposa e administrar as constantes brigas conjugais:

"Já que ela sempre diz que eu sou infantil, resolvi brincar de Pollyanna e inventar o jogo do contente. Nele, tudo o que é negativo se transforma em positivo. Em vez de brigar, brincar. Em vez de criticar, elogiar. Em vez de reclamar, valorizar. Em vez de a DR ser para discutir a relação, a DR é para dar risada".

No jogo do contente, a primeira regra é escrever uma lista com todas as qualidades do parceiro. A segunda regra é a cada vez que tiver vontade de reclamar, criticar ou ofender, o jogador deverá procurar imediatamente na lista um elogio para dizer ao outro.

"Por exemplo, em vez de xingá-la de mandona e autoritária, posso dizer que o fato de ela ser toda certinha e organizada me ajudou muito. E é verdade, sou muito bagunceiro, e sem ela a minha vida seria um completo caos".

A esposa topou o desafio.

"Ela vivia me chamando de imaturo, bobo, criança. Agora reconhece que o meu jeito brincalhão é o maior presente que ganhou da vida. Ela era séria demais. Hoje, ri tanto das minhas palhaçadas, que acaba fazendo xixi na calça".

O jogo do contente funcionou tão bem na vida conjugal, que o casal criou uma versão do desafio para a vida profissional.

"Ela é perfeccionista, não gosta de errar, quer ser impecável em tudo. Entra em pânico quando é convidada para dar uma palestra e, apesar de ser uma excelente profissional, perdia oportunidades incríveis por medo de falhar. Inventamos uma técnica para que ela enfrentasse o medo de falar em público".

A técnica segue o mesmo princípio aplicado ao casamento. Em vez de se preocupar com o que considera seus piores defeitos – insegurança, ansiedade, medo, timidez e vergonha –, ela deve se concentrar em aprimorar suas melhores qualidades – organização, dedicação, seriedade, clareza e objetividade.

"Em vez de fugir, ela passou a enxergar o convite como um desafio, que precisa ser enfrentado para que se sinta mais forte e autoconfiante. Como se fosse uma porta, que deve ser aberta para levá-la ao crescimento profissional e pessoal. Apesar do medo e da insegurança, ela quer abrir essa porta e se tornar a melhor versão de si mesma".

O jornalista disse que, assim como o perfeccionismo pode atrapalhar as conquistas profissionais, as críticas destrutivas e as reclamações excessivas podem destruir o amor, a admiração e o desejo de ficar junto:

"É cruel o jogo de dominação que você descreveu na aula, aquelas típicas implicâncias, queixas e brincadeirinhas que provocam mágoas e ressentimentos. Conheço casais que sentem prazer em envergonhar, humilhar e desvalorizar o parceiro, até mesmo em público. Em vez de companheiros que se cuidam e se respeitam, parecem inimigos que querem destruir a saúde, a paz e o equilíbrio do outro".

Ele terminou a conversa com boas perguntas para pensar sobre desejos, dificuldades e insatisfações nas relações amorosas:

"Você ensinou que as mulheres querem tudo e muito mais, mas gostei dos três erres – reciprocidade, reconhecimento e respeito. E que os homens só querem três cês – compreensão, carinho e cuidado. Por que então estamos sempre tão insatisfeitos com o nosso parceiro? Por que é tão difícil reconhecer os desejos e as necessidades do outro? Por que não aprendemos a elogiar e valorizar as qualidades do grande amor da nossa vida?".

VOCÊ CONHECE O JOGO DO CONTENTE?

_____
_____
_____
_____
_____
_____
_____
_____
_____
_____
_____
_____
_____
_____
_____
_____
_____
_____
_____
_____
_____
_____
_____

VOCÊ É MEIO LEILA DINIZ?

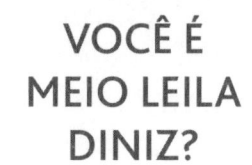

Perguntei a mais de mil jovens de 18 a 25 anos: "Com quantos anos você deixou de ser virgem?".

Os pesquisados, tanto do sexo masculino quanto do feminino, afirmaram que deixaram de ser virgens entre 13 e 23 anos, sendo que o maior número de respostas se concentrou na idade de 16 anos. Entre as mulheres, 17% declararam ainda ser virgens, enquanto 4% dos homens afirmaram o mesmo.

Quando perguntei: "Com quantas pessoas você teve relações sexuais?", o que mais me chamou atenção nas respostas masculinas foi a imprecisão: menos de trinta, aproximadamente 123, muitas, perdi a conta, entre cinquenta e cem, não lembro, um montão, menos do que eu gostaria, menos do que os meus amigos tiveram em um só mês etc.

Já as respostas femininas foram extremamente precisas: 33% afirmaram ter tido um único namorado, 46% entre dois e cinco parceiros sexuais, 3% entre seis e dez, e 1% entre onze e vinte. Somente uma jovem disse ter tido mais de vinte parceiros.

Apesar das inegáveis transformações dos discursos e comportamentos dos jovens brasileiros, parece continuar existindo uma dupla moral sexual, que controla o número de parceiros das mulheres e incentiva a multiplicidade de experiências sexuais masculinas.

Uma estudante de filosofia, de 20 anos, revelou que perdeu a virgindade aos 16:

"Já fiquei com dez garotos. Quando perguntam com quantos caras eu transei, respondo: três. Li em uma revista que uma mulher de 30 anos deve ter tido, em média, sete parceiros sexuais. Como estou com 20, acho que três está de bom tamanho. Se eu responder dez, nenhum cara vai querer nada sério comigo, vai querer só sexo".

A estudante criticou jovens que, apesar de discursos libertários, reproduzem práticas preconceituosas e discriminatórias:

"Já vi muitas que se dizem feministas fazendo fofocas e xingando meninas de periguetes, vadias, putas e piranhas, por causa das roupas que usam, ou por terem ficado com mais de um cara em uma festa. Fico triste e chocada de ver garotas que falam tanto de feminismo, empoderamento e sororidade sendo tão preconceituosas, violentas e cruéis com outras mulheres".

Para ela, muitas jovens reforçam os preconceitos existentes contra as mulheres:

"Minhas amigas têm vergonha de entrar na farmácia e comprar camisinha. Acham que se tiverem uma na bolsa, vão pensar que elas são vagabundas. Dá para acreditar que elas correm o risco de engravidar, ter doenças sexualmente transmissíveis e até mesmo morrer, por vergonha de comprar um preservativo?".

Uma estudante de psicologia, de 22 anos, confessou que se envergonha por manter a virgindade:

"Morro de vergonha de ser virgem. Ninguém da faculdade sabe. Vão achar que não sou normal, ninguém vai ter coragem de namorar comigo. Por mais antiquado que possa parecer, quero perder a virgindade com alguém que eu ame e escolha para casar e ter filhos".

Também neste caso é evidente o preconceito feminino:

"Minhas amigas querem que eu transe com o primeiro que aparecer só para perder o estigma de ser virgem. Já disseram que tenho sérios problemas psicológicos. Fui xingada de neurótica, histérica, reprimida e louca só porque não quero transar com qualquer um para provar que sou normal. É muita cobrança, muita pressão".

Ao mesmo tempo em que é acusada, ela também acusa as amigas:

"Elas se acham totalmente liberadas, mas fingem que têm orgasmo, e transam mesmo quando não estão com vontade. Não têm coragem de dizer não e, apesar de insatisfeitas, ficam caladas. Morrem de medo de perder o namorado, têm pânico de ficarem sozinhas".

As duas pesquisadas, por motivos opostos, sofrem por se sentirem diferentes das jovens presumivelmente normais. Mas o que é ser normal hoje em dia? Qual é a idade normal para deixar de ser virgem? Qual é o número normal de parceiros sexuais? A ideia de normalidade parece ter essa função: provocar inseguranças, medos, vergonhas, culpas e angústias em jovens que se sentem excluídas dos grupos dos supostamente normais, sem saberem exatamente o que isso significa.

Quando pedi: "Se você criasse um anúncio, com o objetivo de encontrar um parceiro, como se descreveria?", as mulheres responderam: "Eu sou magra, jovem, atraente e sensual". Já os homens disseram: "Eu sou alto, forte e bem-dotado". Nenhum afirmou ser baixo ou se descreveu com menos de 1,74 m. Nenhuma mulher respondeu que é gorda, gordinha ou que tem mais de sessenta quilos.

Para uma estudante de moda de 19 anos, "ser magra é a coisa mais importante da vida de uma jovem":

"Cada vez que posto uma foto no Instagram, me sinto uma baleia. Tenho vergonha de ir à praia de biquíni, nunca tiro a canga. Uma amiga teve uma infecção intestinal e perdeu cinco quilos em uma semana. Estou morrendo de inveja do corpo dela. Vou fazer a dieta da Jennifer Aniston: só papinha de bebê, no almoço e no jantar, e uma colher de vinagre todos os dias de manhã. Se tiver sorte, também tenho uma infecção intestinal".

Uma nutricionista, de 24 anos, relatou que desde criança sofre *bullying* por ser gordinha:

"Meu irmão me chama de 'orca, a baleia assassina'. Meus apelidos carinhosos na família são: fofinha, bolinha, gorduchinha. Cansei de ouvir: 'Você é tão bonita de rosto, mas...'. Já fiz de tudo para emagrecer e não consegui: fumava um maço de cigarros por dia, tomei remédios sem receita médica para controlar o apetite. Quase fiz uma lipoaspiração, mas desisti depois das mortes de mulheres que fizeram esse procedimento".

A obsessão das jovens com o corpo magro tem uma das suas manifestações mais perversas nas páginas da internet que incentivam a anorexia com fotografias de meninas esquálidas, apontadas como modelos de beleza. Essas mesmas páginas divulgam mandamentos que devem ser seguidos por aquelas que querem ser magras, como estes:
"Você não deve comer sem se sentir culpada. Você não deve comer algo que engorda sem se punir depois. Ser magra é a coisa mais importante que existe, é mais importante do que ser saudável. Não engula: morda, mastigue e jogue fora. Durma pouco, assim você queima mais calorias. Limpe banheiros ou ambientes bem sujos para perder a fome. Diga que você vai comer no quarto e jogue a comida na privada".

Diante de tantas doenças e mortes criminosas de mulheres que buscam a beleza, a magreza e a juventude, é urgente refletir sobre uma questão: o que as jovens podem fazer para não reproduzirem modelos de sexualidade e de corpo que provoquem tanto sofrimento e excluam a maior parte das brasileiras?

Para responder a essa questão preciso falar de Leila Diniz. Durante mais de cinco anos, estudei a sua trajetória para escrever minha tese de doutorado *Toda mulher é meio Leila Diniz*.

Por que Leila Diniz é considerada, até hoje, uma "mulher símbolo da liberdade"?

Em novembro de 1969, em plena ditadura militar, Leila Diniz deu uma entrevista ao semanário *O Pasquim*. Com apenas 24 anos, ela explicou como foi construída a sua imagem pública de "mito e ídolo, ou mulher símbolo da liberdade":

"Como todas as minhas entrevistas dizem 'Leila a mulher livre', 'Leila, a mulher que faz amor', 'Leila que é independente', todo mundo fica achando que sou aquela puta da zona. Sou uma moça livre. A liberdade é uma opção de vida. Meio inconsciente, me tornei mito e ídolo, ou mulher símbolo da liberdade, pregadora do amor livre. Só quero que o amor seja simples, honesto, sem os tabus e fantasias que as pessoas lhe dão".

Em tempos de repressão e de perseguição política, ela falou setenta palavrões durante a entrevista, que foram substituídos por asteriscos para driblar a censura da época: "A mim, nunca quiseram, porque eu mando logo tomar no (*). Quando eu quero, vou com o cara. Comigo não tem esse negócio de querer, não".

Ela contou que deixou de ser virgem aos 15 anos e que, desde então, teve uma vida sexual intensa e livre: "Casos mil; casadinha nenhuma. Na minha caminha, dorme algumas noites, mais nada. Nada de estabilidade". Disse que achava bacana fazer amor todos os dias e que já havia tido experiências de "oito ou doze" em uma mesma noite. Confessou que já amou uma pessoa e foi para a cama com outra, e que era contra o amor possessivo.

A famosa entrevista foi um dos marcos da revolução simbólica de Leila Diniz. A novidade não foram os temas abordados, mas a maneira divertida como Leila combinou suas opiniões com os palavrões. A violência das reações após a publicação – ela foi perseguida pela ditadura militar e proibida de atuar na televisão – revelam as perigosas consequências da liberdade sexual feminina.

Leila fazia e dizia o que muitas mulheres tinham o desejo de fazer e de dizer, mas não tinham coragem. Essa foi a sua revolução: trazer à luz do dia desejos femininos que eram vividos como estigmas, proibidos e ocultos. Ao expor publicamente sua maneira de pensar e de viver, ela abriu possibilidades para outras mulheres enfrentarem problemas semelhantes.

Uma de suas histórias mais conhecidas foi a resposta que deu a um coronel do interior que insistia em dormir com ela. Depois de ser rejeitado, ele engrossou: "Mas, Leila, você dá para todo mundo!". Com a irreverência de sempre, ela respondeu: "É verdade, coronel. Eu dou para todo mundo... Mas eu não dou para qualquer um!".

Em um dia ensolarado de 1971, Leila vestiu um biquíni e foi à praia de Ipanema, como costumava fazer. Causou escândalo por ser a primeira grávida a usar biquíni. As grávidas de então escondiam suas barrigas em batas escuras e largas. A sua fotografia, exibindo orgulhosamente a barriga, foi estampada nos jornais e nas revistas da época. Ela mostrou que a sua gravidez, sem ser casada, não era vivida como um estigma a ser escondido, mas como uma escolha livre e consciente. Leila fez uma revolução simbólica ao revelar o oculto – a sexualidade feminina fora do controle masculino – em uma barriga grávida ao sol.

"Sou uma pessoa livre e em paz com o mundo. Conquistei a minha liberdade a duras penas, rompendo com as convenções que tolhiam os meus passos. Por isso, fui muitas vezes censurada, mas nunca vacilei, sempre fui em frente. Sou Leila Diniz, qual é o problema?"

Leila Diniz morreu em um acidente de avião aos 27 anos, sete meses após o nascimento da filha. Depois da trágica morte, ela passou a ser considerada uma precursora do feminismo no Brasil: uma feminista intuitiva, que influenciou, decisivamente, as mulheres brasileiras.

Em *O segundo sexo*, Simone de Beauvoir escreveu que, interessada nas oportunidades das mulheres, não as definiria em termos de felicidade, mas sim em termos de liberdade. Afirmou que a liberdade pode ser assustadora, e que, por isso, muitas mulheres preferem suportar uma escravidão cega do que lutar para se libertar. No entanto, ela acreditava que só existiria uma saída para as mulheres: recusar as prisões que lhes são impostas e procurar abrir para si e para as outras mulheres os caminhos da libertação.

Leila Diniz, ao expor de forma pública as suas ideias e escolhas, mudou não só o significado do seu comportamento, mas também o de muitas mulheres que estavam condenadas ao silêncio, à vergonha e à culpa. A lição de Leila é a de que não estamos sozinhas. Cada brasileira que luta para se libertar das prisões e dos preconceitos existentes, está contribuindo decisivamente para a libertação de todas as mulheres.

Meio século após a revolução de Leila Diniz, cabe perguntar: O que falta para as jovens não esconderem mais os seus corpos e desejos, e se libertarem dos preconceitos, rótulos e estigmas que continuam aprisionando as mulheres brasileiras? Por que elas não se tornam as protagonistas de uma nova revolução das mulheres e resgatam o conhecido slogan feminista "nosso corpo nos pertence"? Será que as jovens ainda precisam aprender a ser meio Leila Diniz?

VOCÊ É MEIO LEILA DINIZ?

VOCÊ TEM MEDO DE ENVELHECER?

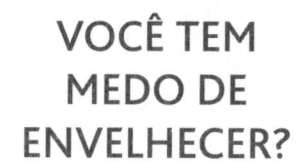

Por que você não faz uma cirurgia para corrigir as pálpebras caídas? E preenchimento ao redor dos lábios para tirar o bigode chinês? E botox para suavizar as rugas de expressão na testa?

Tenho sofrido um bombardeio de perguntas perturbadoras, especialmente por parte de algumas amigas. Elas insistem que preciso fazer algumas correções nas pálpebras e no pescoço, além de aplicação de botox, lifting facial e outros procedimentos disponíveis no mercado da beleza.

Até recentemente as perguntas para quem pensava em fazer uma cirurgia plástica eram: "Por que você quer fazer? Você acha que vale a pena correr o risco de ficar deformada e até mesmo de morrer?". Hoje, as perguntas mudaram. Sou testemunha de um massacre sobre as mulheres: "Por que você não faz uma cirurgia plástica? Não quer parecer mais jovem? Não tem medo de envelhecer?".

A resposta mais óbvia é que tenho medo de envelhecer, porém tenho mais medo ainda de ficar com a cara plastificada. Mas elas dizem: "Ninguém vai perceber, fica muito natural". Digo que receio as complicações pós-cirúrgicas. E elas são contundentes: "É só fazer com um excelente cirurgião, não tem riscos". Falo que não sou tão vaidosa quanto elas, que só uso filtro solar e nem sei como fazer uma maquiagem básica. Elas reagem indignadas: "Você não quer ficar mais jovem? Você é a culpada por estar ficando uma velha!".

A verdade é que eu acredito que os velhos são lindos. Não consigo achar que uma pele esticada e um nariz perfeito são mais bonitos do que as rugas que contam a história de uma vida plenamente vivida. Tenho o hábito de ficar observando as pessoas em todos os lugares. Adoro ir à praia só para ver corpos de todos os tipos, tamanhos, cores e idades. As pessoas que eu acho mais bonitas, e mais felizes, são justamente aquelas que estão completamente fora dos padrões de beleza e de juventude.

Apesar de ter medo de envelhecer, decidi investir o meu tempo, dinheiro e energia nos meus projetos de vida, e não sofrer com as transformações inevitáveis do meu corpo. Se eu acredito que é possível inventar uma bela velhice, por que faria uma cirurgia plástica para fingir que sou mais jovem? A pressão das minhas amigas – algumas ainda nem chegaram aos 40 anos – revela o pânico das brasileiras com o envelhecimento.

Não pretendo alimentar a ideia de que as mulheres são as piores inimigas das mulheres, mas quero provocar uma reflexão sobre os mecanismos externos e internos que fazem com que as brasileiras reproduzam os preconceitos e estereótipos sobre a velhice feminina.

Muitas mulheres fortalecem, com seus discursos e comportamentos, a lógica da dominação masculina. É inegável que o discurso hegemônico atual é o de libertação dos papéis que aprisionam as mulheres. No entanto, os comportamentos femininos não são tão livres assim e, mais ainda, os valores mais tradicionais permanecem internalizados. Existe uma grande distância entre os discursos libertários das brasileiras e os seus comportamentos e valores conservadores.

Na lógica da dominação masculina, os homens devem ser superiores às mulheres: mais velhos, mais altos, mais fortes, mais poderosos, mais ricos etc. Essa lógica constitui as mulheres como objetos atraentes e disponíveis, e tem como efeito colocá-las em permanente estado de insegurança e dependência material e simbólica. Delas se espera que sejam submissas, contidas, discretas, apagadas, inferiores e invisíveis. As próprias mulheres podem se tornar cúmplices dessa lógica, especialmente quando defendem que os homens devem ser superiores, e quando estigmatizam aquelas que fazem escolhas consideradas desviantes.

Por mais contraditório que possa parecer, as mesmas mulheres que invejam e valorizam tanto a liberdade masculina, julgam, criticam, e até mesmo insultam mulheres que adotam comportamentos mais livres e recusam os modelos femininos mais tradicionais.

Em *Por que os homens preferem as mulheres mais velhas?* analisei casos de discriminação e de preconceito contra essas mulheres. Inúmeras vezes são as próprias filhas que não aceitam que suas mães namorem homens mais jovens, como relatou uma empresária de 67 anos:

"Minha filha me chama de velha louca, coroa periguete, velhota sem noção e sem-vergonha na cara, porque meu namorado tem 39 anos. Ela diz que ele tem idade para ser meu filho e que tem nojo de imaginar que nós transamos. Diz que já tenho netos e deveria ter me aposentado nesse departamento".

Uma professora, de 72 anos, também contou que não aguenta mais as ofensas das filhas: "Elas querem controlar tudo, desde a minha forma de vestir até o meu dinheiro. Querem que eu pare de viajar com meu namorado, ir a restaurantes e a bailes. Elas me xingam de velha gagá, velha maluca, ameaçam pedir a minha interdição por dilapidar o patrimônio da família – dinheiro que eu ganhei trabalhando a vida inteira. Não aceitam que eu esteja apaixonada por um homem mais jovem. Querem que eu fique trancada em casa fazendo tricô e cuidando dos netos".

Uma atriz, de 47 anos, apesar de namorar um músico de 23 anos, não aceita o casamento do filho com uma mulher mais velha:

"Meu filho é um rapaz lindo e inteligente. Não consigo entender por que ele se casou com uma velha gorda. Lógico que só pode ser por interesse, pois ela banca tudo: viagens, presentes, casa, comida e roupa lavada. Não suporto ver meu filho com uma velha decrépita que já tem netos. Como a minha nora pode ser mais velha do que eu?".

Em *Coroas* apresentei um estudo comparativo, que realizei com mulheres brasileiras e alemãs com mais de 50 anos, para discutir o que defini como "poder objetivo *versus* miséria subjetiva". Muitas brasileiras afirmaram ter sucesso profissional, independência econômica, maior escolaridade e liberdade sexual, mas se mostraram excessivamente preocupadas com o excesso de peso, com a vergonha do corpo e com o pânico de envelhecer. A decadência do corpo, a falta de homem, e a invisibilidade social marcaram o discurso delas. Constatei uma discrepância entre o poder objetivo que elas têm e a miséria subjetiva que permeia os seus discursos relacionados ao corpo, ao envelhecimento e à falta de homem.

Já as alemãs se revelaram mais seguras e poderosas, tanto do ponto de vista objetivo quanto do subjetivo. Mais confortáveis com o envelhecimento, enfatizaram a riqueza dessa fase da vida em termos de realizações profissionais, intelectuais e afetivas. Elas não demonstraram preocupação com os sinais da velhice ou com a falta de homem no mercado matrimonial e sexual. Percebi nas alemãs uma maior coerência entre o poder objetivo e o poder subjetivo que elas revelam em seus discursos sobre corpo, envelhecimento e relacionamento afetivo-sexual.

Quando observei a aparência das pesquisadas, constatei que as brasileiras pareciam mais jovens e em boa forma do que as alemãs, no entanto demonstravam se sentir mais velhas, invisíveis e desvalorizadas pelos homens. A distância entre o poder objetivo e a miséria subjetiva das brasileiras sugere que o envelhecimento feminino é um problema muito maior no Brasil, o que pode explicar o sacrifício que muitas fazem para parecer mais jovens por meio do corpo, da roupa e do comportamento.

Um caso que exemplifica o preconceito das brasileiras com o envelhecimento feminino ocorreu em 2013, no Rio de Janeiro. Algumas fotografias de Betty Faria, de biquíni, foram divulgadas na internet. A atriz, de 72 anos, reagiu indignada quando foi xingada de velha ridícula, baranga e sem noção:

"Velha baranga, sem espelho, e outras ofensas que, passada a raiva, me fizeram pensar na burca. Então querem que eu vá à praia de burca, que eu me esconda, que me envergonhe de ter envelhecido? E a minha liberdade? Depois de tantas restrições alimentares, remédios para tomar, exercícios a fazer, vícios a evitar, todos próprios da idade, ainda preciso andar de burca? E o meu prazer, a minha alegria, o meu humor?".

A maioria das ofensas dirigidas à atriz, pela internet, foi feita por mulheres. Por que o corpo de uma mulher de 72 anos incomodou tanto a elas? Betty Faria teria provocado, como Leila Diniz fez com o corpo grávido de biquíni, uma revolução simbólica ao exibir o corpo de uma mulher mais velha de biquíni?

Além da reprovação ao uso do biquíni, outros estereótipos e preconceitos sociais aprisionam os corpos das mulheres mais velhas. Quando entrevistei uma dentista, de 74 anos, fiquei surpresa com a sua reação quando eu disse que ela parecia mais jovem e tinha um corpo maravilhoso:

"Minha neta diz que eu sou uma velha ridícula e que não tenho mais idade para usar legging, camiseta e tênis o tempo todo, tem vergonha de sair comigo, quer que eu me comporte como uma senhorinha. Mas o que deve vestir uma mulher da minha idade para fazer ginástica? Ela me critica tanto que estou começando a acreditar que sou mesmo uma velha ridícula".

Uma professora, de 61 anos, também revelou o desrespeito e o preconceito que as jovens demonstram com relação às mulheres mais velhas:

"Fui comprar um jeans de uma grife famosa e uma vendedora bem novinha me tratou com total desprezo. Seu olhar de nojo gritava: 'Você não se enxerga, sua velha baranga? Não quero a etiqueta da minha loja desfilando na bunda murcha e caída de uma velha'. Como ela não percebe que está sendo cúmplice da violência que todas as mulheres sofrem? Não vê que está alimentando o preconceito contra si mesma no futuro?".

Em um momento de lutas e conquistas feministas, é necessário compreender as motivações individuais e as pressões sociais que levam tantas jovens a reproduzir e fortalecer os preconceitos e estigmas com relação aos corpos e comportamentos das mulheres mais velhas.

Simone de Beauvoir escreveu que velho é sempre o outro, já que as pessoas de mais idade só se sentem velhas por meio do olhar dos outros, sem terem experimentado grandes transformações interiores nem mesmo exteriores. No entanto, ela alertava: velho não é o outro, pois a velhice está inscrita em cada um de nós.

Como mostrei em *Velho é lindo!*, a única categoria social que inclui todo mundo é velho. Somos classificados como homem ou mulher, negro ou branco, homo ou heterossexual, mas velho todo mundo é: hoje ou amanhã. A jovem de hoje é a velha de amanhã. Só assumindo, consciente e plenamente, em todas as fases da vida, que nós também somos velhas, poderemos ajudar a derrubar os medos, estereótipos e preconceitos existentes sobre o envelhecimento feminino. Por isso, tenho defendido que todas as mulheres, de todas as idades, deveriam vestir uma camiseta com os dizeres: "Eu também sou velha! Velha é linda! Somos livres enfim!".

Cada brasileira, principalmente as mais jovens, deveria lutar contra os preconceitos sociais e se reconhecer na velha que é hoje, ou na velha que será amanhã. Velha não é a outra: velha sou eu!

VOCÊ TEM MEDO DE ENVELHECER?

QUEM VAI CUIDAR DE VOCÊ NA VELHICE?

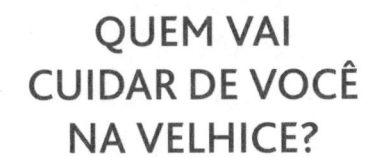

Nos últimos anos, cresceu significativamente o número de mulheres que não querem ter filhos. No entanto, essa escolha ainda não é considerada legítima e aceitável por muitas brasileiras.
Até os meus 45 anos, fui bastante questionada por ter feito a opção de não ter filhos. Uma das perguntas mais frequentes que eu escutei das minhas amigas foi: "Quem vai cuidar de você na velhice?". Mais tarde, as mesmas amigas que me pressionaram, reconheceram que eu estava "100% certa de não querer ter filhos". Uma amiga de infância me ligou só para admitir que "foi a decisão mais inteligente" da minha vida:
"Eu estava completamente errada. Achava que você precisava ser mãe, que iria se arrepender se não tivesse filhos e que teria uma velhice solitária. Hoje, eu acredito que foi a decisão mais inteligente que você tomou na vida. Filhos dão muito trabalho, são uma prisão para toda a vida.

Não aguento mais sustentar dois marmanjos parasitas, que só me sugam e não dão nada em troca. Eles nem me agradecem, acham que não faço nada além da minha obrigação de mãe. Filhos não cuidam da gente na velhice, eu é que vou ser obrigada a cuidar deles pelo resto da minha vida".

Para uma jornalista de 43 anos, "as mulheres podem ser as piores inimigas das mulheres que não querem ter filhos":

"Minhas amigas acham que sou louca porque não quero ser mãe. Não entendem que ter filhos é uma opção de cada mulher, não um destino ou uma obrigação social. Nunca me senti cobrada pelos meus ex-maridos e namorados. Eles compreenderam a minha escolha. Mas as mulheres não aceitam que eu sou feliz sem a experiência de ser mãe. Acham que sou frustrada, fracassada, infeliz. Quando digo que não quero ter filhos, elas questionam: 'Então por que você não adota?' Digo que não é esse o meu desejo e elas insistem: 'Mas como vai ser sua velhice sem ninguém para cuidar de você?'".

Segundo uma professora de 37 anos, "as mulheres são preconceituosas e agressivas com aquelas que fazem escolhas diferentes do modelo tradicional mãe-esposa":

"Sou obrigada a escutar um monte de clichês de algumas professoras que trabalham comigo: 'Mas toda mulher nasceu para ser mãe, não é natural você não querer ter filhos. Você não vai ter a experiência mais importante da vida de uma mulher. Ninguém vai cuidar de você na velhice. Você vai ser uma velha triste e abandonada'. Já fui xingada de louca, doente, neurótica, histérica, egoísta, anormal, problemática, infeliz e outras coisas bem piores".

De acordo com uma advogada de 63 anos, é uma ilusão acreditar que os filhos vão cuidar dos pais na velhice:

"Sou testemunha do sofrimento da minha irmã com seu único filho. A vida dela é um verdadeiro inferno. Ele tem 42 anos e ainda mora com ela. É violento, alcoólatra, não trabalha. Ela gasta todo o dinheiro da aposentadoria com ele. Eu não quis ter filhos e ela sempre me criticou por isso. Agora ela diz que eu estava certa, que é muito melhor ter boas amigas do que péssimos filhos".

Quando perguntei: "Quem vai cuidar de você na velhice?", mulheres de diferentes idades, inclusive as que têm filhos, responderam categoricamente: "Eu mesma", e em seguida: "Minhas amigas".

Uma escritora, de 75 anos, afirmou que as amigas, muito mais do que os filhos, respeitam e estimulam a sua independência:

"Minhas amigas são minhas irmãs de alma. Elas são o meu maior patrimônio e a minha verdadeira família. Nós cuidamos umas das outras, vamos juntas ao médico, vamos sempre ao cinema e ao teatro, fazemos cursos, viajamos. São elas que me proporcionam a sensação de segurança, proteção e cuidado. Os vínculos gerados apenas pelo afeto, e não pela obrigação ou interesse, criam relações com mais respeito, reciprocidade e cumplicidade".

Aos 94 anos, uma dona de casa contou que não quis morar com uma das filhas para poder continuar sendo independente:

"Uma prioridade que eu acho que ainda estou conseguindo é cuidar de mim mesma. Por exemplo, eu viajei agora com a minha filha, mas quem tira a minha pressão sou eu, quem anota o que eu preciso sou eu, quem controla os remédios que tenho que tomar sou eu. Meus nove filhos, especialmente as meninas, dizem que eu sou muito teimosa porque querem fazer as coisas por mim, querem cuidar de mim, e eu não deixo. Quero continuar independente e cuidando de mim".

Ela também contou que sai sempre com as amigas, vai à igreja, faz cursos, e adora palestras e lançamentos de livros. E mais, quando não está com as amigas, "não larga um só minuto do iPad": "No começo eu disse para os meus netos que não queria o iPad. Mas, quando eles me deram um de presente, e me ensinaram a mexer nele, eu passei a usar para tudo. Hoje em dia eu até faço pagamento pela internet. Adoro fazer pesquisas no Google, ler as notícias nos sites dos jornais. Estou sempre no Facebook e no Instagram, curtindo e comentando o que as minhas amigas postam. Meus filhos têm ciúme porque eu não largo do iPad. Dizem que ele é meu novo marido".

Apesar de ter belos exemplos de pessoas mais velhas que são independentes e que podem cuidar de si mesmas, é impossível esquecer as que não são cuidadas por ninguém e, mais ainda, as que são as principais responsáveis pelo cuidado dos filhos, cônjuges e familiares já idosos.

Uma matéria da *Folha de S.Paulo* – "Idosos cuidam de idosos" – revelou que quase 40% das pessoas que cuidam de idosos doentes em São Paulo são idosos também. Uma assistente social disse que não é possível distinguir, em uma sala de geriatria, quem é o cuidador e quem é o cuidado:

"O cuidador idoso tem uma carga de estresse grande e doenças por conta do desgaste da função. Eles vão deixando de ser o que são, descuidam da própria saúde e se tornam o único responsável pela vida do outro".

A expectativa de que os filhos cuidem dos pais na velhice é frequentemente frustrada. Quase todos os meus pesquisados com mais de 90 anos cuidam e ajudam financeiramente os filhos e, em muitos casos, os netos. Entre eles, há uma dona de casa, de 94 anos, que cuida da filha com depressão e da irmã com Alzheimer. E um professor, de 91 anos, que cuida do filho alcoólatra. Tem ainda uma escritora, de 93 anos, que se dedicou integralmente, durante quase duas décadas, ao cuidado do marido e do filho que tiveram câncer.

Uma dona de casa, de 98 anos, muito lúcida, ativa e independente, disse que quer viver até os 100 anos para cuidar do filho, de 72 anos:

"Eu digo que quero ficar bem velhinha, bem mais velhinha. Eu peço muito a Deus para viver pelo menos até os 100 anos. Está pertinho, não é mesmo? É por causa do meu filho, eu preciso cuidar dele, ele teve um derrame. Eu não quero morrer antes de ele ficar bem, de voltar a ser independente".

Hoje já se diferenciam os idosos – mais de 60 anos – dos muito idosos – mais de 80 anos. A pergunta que não quer calar é: "Quem vai cuidar dos muitos idosos que cuidam dos seus idosos?".

QUEM VAI CUIDAR DE VOCÊ NA VELHICE?

VOCÊ GOSTARIA DE VIVER MIL ANOS?

A *Folha de S.Paulo* publicou uma matéria com o título "Após recorde de 122 anos, a tendência é que as pessoas vivam até os 115 anos". O artigo mostrou que os avanços médicos das últimas décadas aumentaram não apenas a expectativa de vida, mas também a qualidade de vida. A antropóloga Fernanda Rougemont – minha orientanda na graduação, no mestrado e no doutorado – estudou a trajetória de Aubrey de Grey, um cientista inglês que defende que as pessoas poderão viver até os mil anos. Ele pretende criar, nos próximos vinte anos, medicamentos e tratamentos para reduzir e reparar os danos provocados pelo envelhecimento. Conhecido como o profeta da imortalidade, o pesquisador acredita que, com as células-tronco e a terapia gênica, não ficaremos mais frágeis, doentes e dependentes com o passar do tempo.

Em uma palestra no Brasil, em 2017, Aubrey de Grey disse que grande parte das pessoas que estão vivas hoje nunca serão biologicamente velhas. Ele afirmou que os primeiros seres humanos imortais já estariam vivos e andando entre nós. Obviamente, suas afirmações têm provocado debates e críticas ferrenhas entre cientistas que pesquisam o envelhecimento.

Aproveitei a discussão para perguntar aos meus pesquisados: "Você gostaria de viver mil anos?". Cerca de 70% responderam que não querem viver tanto tempo, como uma jornalista de 62 anos:

"Deus me livre, já chega, não aguento mais. Tenho tantos problemas com filhos, trabalho, família, saúde, dinheiro. Tudo tem limite, um ponto de saturação. As pessoas estão muito chatas, eu também estou muito chata. Se eu chegar aos 80 já está bom demais".

Um analista de sistemas, de 61 anos, também disse que, se chegar aos 80, "já está no lucro".

"Meu pai morreu de cirrose alcoólica aos 52 anos. Minha mãe de câncer no pulmão aos 61. Eu fumo dois maços de cigarro por dia, bebo muito e não faço exercícios. Tenho medo de ficar um velho doente, decrépito e dependente. Só não quero morrer antes dos meus filhos terminarem a faculdade".

Os 30% restantes disseram que ficariam muito felizes se fosse possível viver mil anos, como uma professora de 73 anos:

"Quero viver o máximo que eu puder. Lógico que tenho momentos de tristeza, problemas de saúde, mas tenho tantos livros para ler, tantos filmes para ver, tantas pessoas queridas ao meu redor que nunca vou sentir tédio ou ficar enjoada da minha vida. Se quiserem transplantar o meu cérebro para um corpo jovem eu topo na hora. Imaginou meu cérebro no corpinho da Scarlett Johansson?".

Vale a pena destacar que todos os meus pesquisados com mais de 90 anos responderam que gostariam de viver mil anos.

Para um pintor de 91 anos, "seria uma maravilha viver mais mil anos".

"Meu tempo é dividido entre cuidar da minha saúde, pintar e coordenar um projeto de teatro e de música com idosos. No ano que vem quero me dedicar mais à minha nova namorada. Os meus grupos de idosos me cobram demais, acham que vou parar o trabalho que faço com eles. Eles precisam do meu incentivo e eu não vou parar, no entanto quero ter mais tempo para namorar, sair, passear, viajar. Seria uma maravilha ter tempo para fazer tudo isso e muito mais".

"Se nós temos uma alma única e imortal, por que eu não iria querer viver mil anos?", perguntou uma pianista de 91 anos:

"A idade civil, a que está registrada em cartório, é o dia em que eu nasci. Tem também a idade biológica: o corpo, a saúde. E tem a idade da alma, que é imortal e é a mesma desde que a gente nasce. O idoso que desenvolve uma atividade intelectual, que ainda tem projetos, pode até ter alguma incapacidade física, mas a sua alma está viva. Eu tenho esse fogo, esse ardor, essa sede bendita para alimentar a minha alma de coisas bonitas e boas, de conviver, de produzir, de realizar, de amar. Se nós temos uma alma única e imortal, por que eu não iria querer viver mil anos?".

Ela ainda disse que precisa de mais de mil anos para realizar todos os seus projetos:

"Eu não sou velha. Velha é quem está acabada, cansada, não tem projetos. Minhas filhas são mais velhas do que eu, elas não conseguem acompanhar o meu ritmo. Tenho mais energia, entusiasmo e vitalidade do que elas. Apesar de ter 91 anos, eu não sou velha, me sinto totalmente plena nas atividades intelectuais, realizando os meus projetos, cantando, dançando, tocando piano, participando de ações de caridade. Tenho muitos rabiscos, muita coisa escrita que eu pretendo ampliar e até publicar. Preciso viver mais de mil anos para continuar crescendo, aprendendo e sendo feliz".

Quando me perguntam: "Você gostaria de viver mil anos?", respondo imediatamente que sim. Eu adoraria que o cientista inglês descobrisse os medicamentos e tratamentos para reparar os danos provocados pelo envelhecimento, pois assim eu não ficaria doente, frágil e dependente com o passar do tempo. Como a professora, eu toparia sem pestanejar que transplantassem meu cérebro para o corpinho da Scarlett Johansson.

E você? Já pensou se está no time dos que acham que 80 está bom demais, ou no dos que não querem morrer nunca? Se fosse possível, você gostaria de viver mil anos?

VOCÊ GOSTARIA DE VIVER MIL ANOS?

O QUE VOCÊ VAI SER (E FAZER) QUANDO ENVELHECER?

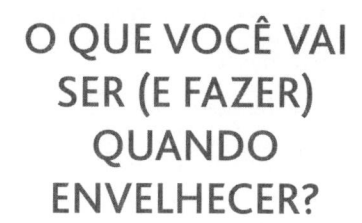

Como mostrei em *A bela velhice*, os projetos dos homens e das mulheres para a velhice podem ser bem diferentes, até mesmo incompatíveis.

Os homens querem ter mais tempo para curtir a família e a casa. Querem ter mais tempo para o mundo do afeto, já que passaram a maior parte da vida dedicados ao mundo do trabalho. E querem receber o carinho e o cuidado das esposas, dos filhos e dos netos.

As mulheres querem ter mais tempo para sair com as amigas, viajar, fazer cursos, ir ao cinema e ao teatro. Elas querem ter mais tempo e liberdade para cuidar de si mesmas, já que muitas se dedicaram quase que exclusivamente à vida familiar e doméstica. Querem ser, até o fim da vida, independentes.

Fiquei surpresa quando uma dona de casa, de 91 anos, começou a nossa conversa dizendo: "Já sei, você quer saber quais são os meus projetos de vida". Contagiada pelo seu entusiasmo, concordei: "Isso mesmo, quero saber quais são os seus projetos".

Ela contou que está escrevendo um livro de memórias, que participa de um coral na igreja e que faz um trabalho voluntário em uma "casa da terceira idade":

"Todos os dias tenho muita coisa para fazer. Tenho amigas muito ativas, alegres e animadas. Vamos à igreja, fazemos cursos, vamos ao cinema e ao teatro, viajamos, cuidamos dos velhinhos que precisam de ajuda. Velha é quem está acabada, quem fica em casa vendo televisão, resmungando e reclamando dos filhos. Eu não sou velha".

Contou ainda que só faz o que gosta, já que não tem mais obrigação de responder às cobranças da família:

"Meus filhos vivem dizendo para eu parar um pouco, para ficar mais quieta, não gastar o meu dinheiro. Minha filha mais nova quer que eu more na casa dela. Nem pensar. Minha liberdade e independência são as coisas mais importantes da minha vida. Já cuidei demais dos filhos, do marido e da casa. Agora é a minha vez, quero cuidar de mim, fazer tudo o que eu sempre quis e não podia".

Encontrei inúmeras mulheres felizes com a liberdade tardiamente conquistada, mas também encontrei algumas angustiadas com a falta de propósito na vida.

Uma dona de casa, de 61 anos, usou como metáfora para a sua vida a divisão do frango assado nos almoços de domingo:

"As coxas ficam com meu marido, as sobrecoxas com meu filho mais velho, a carne branca com as minhas duas filhas e as asinhas com o caçula. E eu? Para mim, sobra o pescoço. Só compro coisas para mim nas liquidações, sempre fico com o resto, com as sobras. Na maioria das vezes fico sem nada".

Após mais de quatro décadas de dedicação integral à família, ela está se sentindo inútil, desnecessária e com muito medo da realidade que precisa enfrentar. Contou que está vivendo "a síndrome do ninho vazio":

"Todos os meus filhos já saíram de casa, o caçula está indo morar no Canadá. Eu sempre vivi para cuidar deles. Meus sonhos, desejos e projetos sempre foram ignorados, escondidos, inclusive de mim mesma. Será que minha única vontade era ser mãe, esposa e dona de casa? Nunca me perguntei o que eu queria e precisava para ser feliz".

Sem saber como lidar com a sensação de vazio, tristeza e solidão, ela confessou que se arrepende de sempre ter se colocado em último lugar:

"Mesmo nos momentos mais difíceis eu deveria ter pensado: tenho que fazer uma coisa boa para mim, não só para os outros. Poderia ter feito uma faculdade, cuidado mais da minha saúde, viajado com as amigas. Mas nunca sobrou tempo e dinheiro para isso. E agora, que ninguém mais precisa de mim, o que eu vou fazer? Qual é o sentido da minha vida?".

Muitos pesquisados, de diferentes idades, disseram que gostariam de ler mais livros, estudar, escrever, cantar, aprender uma língua estrangeira, ou tocar um instrumento, praticar esportes, conhecer lugares novos, fazer um trabalho voluntário.

Perguntei então a eles: "Por que vocês não fazem as coisas que mais desejam?". E com frequência ouvi a mesma resposta: "Não tenho tempo". Muitas vezes acompanhada de: "Não tenho dinheiro". Eles justificaram que não sobra tempo para si mesmos, já que precisam responder a muitas obrigações sociais, profissionais e familiares. Sentem-se exaustos, esgotados e insatisfeitos porque gastam – ou desperdiçam – todo o tempo cuidando e atendendo às necessidades dos filhos, cônjuges, pais, irmãos, amigos e colegas de trabalho.

"Será que na velhice eu vou ter mais tempo para fazer as coisas que me dão prazer e que me fazem feliz? Será que quando eu me aposentar vou conseguir fazer as coisas que eu quero e gosto de fazer? Será que eu vou conseguir realizar meus sonhos quando meus filhos saírem de casa e forem independentes? Será que vou ter mais tempo para mim mesmo quando ficar mais velho?"

Por que será que é preciso esperar a velhice para realizar sonhos, desejos e projetos tão simples?

Para uma psicóloga de 62 anos, "muitos usam a falta de tempo como desculpa para a preguiça de realizar seus projetos de vida":

"A desculpa da falta de tempo é a prova do nosso medo de fazer aquilo que desejamos, de realizar nossos projetos. Não temos coragem de dizer não, queremos agradar a todo mundo e esquecemos que precisamos agradar, em primeiro lugar, a nós mesmos. Ser livre para usar o tempo para os nossos projetos, é arriscado e dá trabalho. É mais fácil ser escravo do tempo dos outros do que senhor do seu próprio tempo".

Ela afirmou que "só com a maturidade passamos a ter coragem de dizer não e, assim, conseguimos priorizar o tempo para fazer o que realmente desejamos":

"Tinha medo de dizer não e acabei perdendo tempo demais com tarefas inúteis, com pessoas nojentas, com problemas ridículos. Por isso, tenho urgência de aproveitar o meu tempo da melhor forma possível. Não deixo mais para amanhã o que eu quero e posso fazer agora. A vida é curta e o tempo passa rápido. Desperdicei muito do meu tempo preocupada com as opiniões e desejos dos outros, e esqueci de mim mesma".

Algumas vezes somente um evento dramático – como a morte de alguém próximo, ou uma doença grave –, provoca uma maior conscientização do valor do tempo, como aconteceu com um engenheiro de 62 anos:

"Descobri uma coisa muito simples quando o meu melhor amigo morreu: ter o bastante é ter o que me basta. Não é possuir muito, mas só o que eu preciso para ser feliz. Não tenho mais grupos de WhatsApp, Facebook, e nada dessas merdas que só roubam o nosso tempo mais precioso. Quem merece o meu tempo? Meus amigos, meus amores e tudo o que eu faço com alegria".

Um executivo, de 67 anos, perguntou se eu conhecia a "síndrome de Gabriela":

"Eu me sentia um super-homem e não pensava na morte. Só queria trabalhar e ganhar dinheiro. Quando me criticavam por não cuidar da saúde, eu cantava a modinha para Gabriela, do Dorival Caymmi: 'Eu nasci assim, eu cresci assim, eu sou mesmo assim, vou ser sempre assim'".

"Após ver a morte de perto", ele descobriu um novo sentido para a sua vida:

"Tive um grave problema de saúde e quase morri. Depois disso, fiz uma revolução na minha vida. De que vale o dinheiro? O poder? O luxo? Agradeço a Deus todos os dias por ter renascido. Construí um novo projeto de vida e encontrei o significado da minha existência. Estou trabalhando em um projeto de inclusão digital para idosos. É gratificante testemunhar a alegria deles aprendendo a usar o computador para falar com os filhos e netos que moram em outras cidades. Nunca me senti tão feliz".

Aos 91 anos, um pintor contou que tem muitos projetos e que nunca vai se aposentar da vida:

"Há muito tempo eu não trabalho mais para ganhar dinheiro, mas só porque tenho tesão no que faço. Continuo pintando os meus quadros e ainda coordeno dois grupos de idosos. Meus filhos querem que eu pare com as atividades, mas, se eu parar, vou ficar deprimido, me sentir inútil, imprestável. Estou namorando uma jovem de 65 anos. Não sou velho, não me aposentei da vida".

Ele defendeu que os projetos das pessoas mais velhas devem ser simples, prazerosos e de curto prazo:

"A felicidade está em nossa essência, dentro de nós. Não adianta ter iates, ter milhões e não ser feliz. Ser feliz é fazer aquilo que te dá prazer e alegria de viver. Tirar lá do íntimo uma coisa que você goste de fazer. O bom é se envolver, é ter projetos. Mas os projetos do idoso devem ser de curto prazo, e não para daqui a cinco, dez anos, pegar dinheiro no banco para abrir um negócio. O idoso tem que fazer projetos de pequeno alcance. O que eu vou fazer hoje? E amanhã? Mais uma semana está ótimo. Vou ao cinema com a namorada, ao grupo de idosos, pintar um quadro. E é por fazer isso que eu estou vivo, e quero viver muito mais".

Após tantos anos de imersão nas minhas pesquisas sobre envelhecimento e felicidade, sempre me pergunto: "O que eu vou ser e fazer quando envelhecer? Qual é o meu projeto de vida?".

Quando eu tinha pouco mais de 20 anos, resolvi que iria estudar, pesquisar e escrever sobre a velhice. Demorei para concretizar meu projeto, mas, em 2005, iniciei a pesquisa: "Corpo, envelhecimento e felicidade". Desde o início de 2015, estou pesquisando apenas os que já passaram dos 90 anos, os chamados superidosos. Os meus atuais pesquisados são os melhores exemplos de uma bela velhice: independentes, ativos, lúcidos, saudáveis e alegres. Posso afirmar que, com esses belos velhos, aprendi muito mais sobre felicidade do que nos estudos anteriores.

Recentemente, uma escritora, de 93 anos, me definiu como "uma verdadeira escutadora dos velhinhos":

"Você é uma verdadeira escutadora dos velhinhos, presta muita atenção no que falamos, tem curiosidade e interesse por nossas histórias de vida. Não é uma escuta como a de um médico, psicólogo ou terapeuta. É uma escuta carinhosa, atenciosa e profunda, coisa muito rara hoje em dia. Faz um bem enorme para a nossa alma".

Adorei ser chamada de escutadora dos velhinhos, mas a minha relação com eles vai além de uma escuta atenciosa. É uma conexão de muita reciprocidade, de profunda admiração e de verdadeira amizade. Eles me ligam quase todos os dias, me enviam mensagens pelo Facebook ou WhatsApp, me chamam para conversar, comer uma pizza e tomar um chopinho, ouvir música, ir ao teatro e ao cinema. É uma alegria e um privilégio conviver intensamente com amigos tão inteligentes, independentes e inspiradores.

Tenho tido, desde que conheci os meus amigos de mais de 90 anos, a deliciosa sensação de que eu nasci para fazer exatamente o que eu estou fazendo agora. Com eles, descobri o que eu quero ser e fazer quando envelhecer: ser uma escutadora dos velhinhos.

Meu marido também gosta muito dos meus velhinhos. Quando passa mais de uma semana sem encontrá-los, ele reclama: "Estou com saudade dos nossos amiguinhos queridos". E imediatamente ligamos para o nosso quarteto fantástico: Canella e Guedes, de 95 anos, e Gete e Nalva, de 91 anos. Nas noites de sábado, nosso programa favorito é ouvir o delicioso piano de Gete e de Nalva e conversar com nossos amigos.

Na comemoração dos 90 anos de Gete e dos 95 de Canella, em julho de 2018, fui convidada por Lúcia, única filha do casal, a fazer um breve discurso. Como o que eu falei na festa revela o caminho que a minha pesquisa sobre envelhecimento e felicidade tomou após conhecer os dois aniversariantes, resolvi compartilhar aqui a minha singela homenagem. Segue, então, o meu discurso de agradecimento aos meus amigos nonagenários.

Tive a sorte de conhecer Gete no início de 2015. Fiquei encantada ao ouvi-la tocar piano em um supermercado. Começamos a conversar e nos tornamos amigas. Foi amor à primeira vista. Logo conheci seu marido, Canella. Adorei saber que ele toca pandeiro em dois grupos musicais: Telhado Branco e Celwa. Ele também canta e dança muito bem.

Gete me apresentou à Nalva. As duas amigas são excelentes pianistas. Tocam, sem partitura, um vasto repertório de músicas clássicas, serestas, tangos, sambas e chorinhos. É contagiante a paixão que elas sentem pela música. Elas também escrevem muito bem e já publicaram livros deliciosos com suas memórias e poesias.

Canella me apresentou ao Guedes. Guedes tem uma memória fantástica e sabe tudo o que está acontecendo no mundo. Lê rapidamente os livros sobre história do Brasil e do Rio de Janeiro, que eu escolho especialmente para ele, faz contas difíceis de cabeça e adora conversar sobre política. Sua risada gostosa enche o meu coração de alegria.

Quando Canella me apresenta a alguém sempre diz: "Ela só gosta de velhos". E Gete

acrescenta: "A Mirian adora os velhinhos dela".
É verdade: amo e admiro muito os meus velhinhos. Se Marcos Valle cantava: "Não confie em ninguém com mais de 30 anos", eu prefiro cantar: "Não confio em ninguém com menos de 90 anos".

Conhecer Gete, Canella, Nalva e Guedes mudou o rumo da minha vida. O que seria apenas uma pesquisa sobre a bela velhice acabou se tornando o meu projeto de vida. Desde então, já entrevistei mais de trinta mulheres e homens nonagenários, que também se tornaram bons amigos.

Muito obrigada meus queridos amigos. Vocês estão me ensinando a viver com mais alegria, generosidade e sabedoria. Vocês me deram o melhor presente para a minha velhice: a certeza de que podemos ter projetos, amizades e amores em todas as fases da nossa existência. Muito obrigada por essa magnífica lição de vida.

O QUE VOCÊ VAI SER (E FAZER) QUANDO ENVELHECER?

VOCÊ AGRADECE À VIDA?

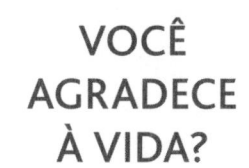

Minha querida amiga Nalva não gosta quando eu digo que velho é lindo e reage indignada: "Eu não sou velha, sou uma flor de outono". Ela agradece a Deus por, apesar de cronologicamente ter 91 anos, sentir-se com 19:

"Eu disse no meu discurso de aniversário: 'Eu tenho 19 anos!'. Fui muito aplaudida. E como me sinto com essa idade, sempre digo que não sou velha, sou uma flor de outono. Pelo calendário, cronologicamente, eu tenho 91 anos, mas pela minha energia, força e vontade de viver, tenho só 19. Apesar de ter 91 anos, não sou velha, e uma prova disso é que eu gosto de dançar, cantar, tocar piano, viajar, reunir os amigos. No meu aniversário eu disse aos meus amigos: 'Minha gente, eu sou muito feliz!'. Agradeço sempre a Deus e a Nossa Senhora pela minha felicidade. E espero continuar sendo assim alegre por muitos anos mais. Há algumas profecias de que eu vou chegar aos 100. Não sei, só Deus sabe. A grande interrogação é esta: 'Meu Deus, quando será o dia da partida? Quando irá se fechar a cortina da minha vida?'".

É emocionante constatar que todos os meus pesquisados com mais de 90 anos são felizes e gratos por estarem vivos. Eles agradecem a Deus por serem saudáveis, lúcidos, ativos e independentes. E também por não se sentirem (ou não serem?) velhos.

Uma dona de casa, de 98 anos, revelou que é "grata a Deus por ter desabrochado em uma idade já avançada":

"Deus me deu uma nova oportunidade depois que fiquei viúva. Antes, eu estava acomodada, com marido, filhos, casa. Uma amiga da igreja me convenceu e fiz um curso de escrita criativa. Já publiquei um livro e estou escrevendo outro. Depois do curso, eu desabrochei, floresci. É como se eu tivesse renascido, senti que tinha uma nova mulher surgindo de dentro de mim. Só agora me sinto sendo eu mesma, de verdade. Essa descoberta tardia tem me ajudado a viver muito melhor. Eu amo viver. Sou muito feliz. Sou muito grata a Deus. Quero viver muito mais, não quero morrer nunca. No dia em que eu tiver que ir, vai ter que ser na marra".

Para uma escritora de 93 anos, "estar viva é uma bênção divina":

"Agradeço a Deus pelos presentes que recebi da vida, especialmente por ter saúde e disposição para me levantar da cama todos os dias. Por que vou reclamar da vida se ainda posso fazer o que eu mais gosto? Vou gastar o tempo que me resta como essas velhas rabugentas e ingratas que não reconhecem que estar viva, lúcida e independente é uma dádiva de Deus? Depois de ter vencido um câncer, eu vivo um dia de cada vez, saboreio cada dia como se fosse o primeiro e o último. Minha neta me ensinou a fazer um ritual de gratidão e pedir a Deus: 'Senhor, dai-me a serenidade para aceitar as coisas que eu não posso mudar, coragem para mudar as coisas que eu posso, e sabedoria para que eu saiba reconhecer a diferença entre elas'".

Eu também faço um ritual diário de gratidão. Tenho, na tela do meu computador, a fotografia de uma menina no colo da mãe, em frente a um bolo de aniversário com quatro velinhas. Todos os dias, assim que me levanto da cama e antes de me deitar, converso com essa menininha triste.

Aos 4 anos, ela já lia e escrevia. Aos 13, já havia devorado todos os livros da biblioteca do pai: Jean-Paul Sartre, Sigmund Freud, Melanie

Klein, Erich Fromm, Philip Roth, histórias sobre o holocausto etc. Descobriu no mundo dos livros o refúgio para se proteger de uma realidade de violência física e verbal. Seu pai, nascido na Romênia, apesar de violento, era um homem inteligente e culto. A mãe, nascida na Polônia, trabalhou arduamente para que o marido pudesse fazer o curso de Direito e se tornar um famoso advogado em Santos. A mãe, que não conseguiu concluir o curso ginasial, tinha uma enorme frustração por não ter podido estudar mais, pois desde cedo precisou trabalhar em uma padaria para ajudar os pais e as três irmãs. Mais tarde, já casada, trabalhou em uma loja de roupas femininas para sustentar a casa, o marido que estava na faculdade e os quatro filhos – uma menina e três meninos.

A mãe morreu aos 62 anos, depois de lutar por dois anos contra um câncer de mama. A menina sente uma saudade insuportável dela, principalmente do seu abraço para conseguir dormir. Ela queria poder agradecê-la por ter lhe ensinado a construir uma vida completamente diferente da sua. Queria pedir perdão por não ter tido a força necessária para protegê-la e salvá-la de um verdadeiro inferno.

Com a morte da mãe, pai e filha tornaram-se bons amigos depois de mais de duas décadas sem falar um com o outro. Estavam planejando uma viagem para Israel quando, aos 67 anos, ele descobriu um câncer no pâncreas. Desde o momento da descoberta da doença até a sua morte, ela não desgrudou um só minuto do pai. Perdeu dez quilos em cem dias, ficando com 42 quilos. No avião, voltando para o Rio de Janeiro depois do enterro do pai, sonhou que ele pedia: "Minha filha, você precisa escrever um livro com o título *Cem dias de lágrimas*".

Além do ambiente familiar violento, outra experiência foi decisiva nos caminhos percorridos pela menina magrinha: o sofrimento por se sentir diferente. E ser diferente significava ser excluída do grupo das meninas consideradas normais, aquelas que eram – ou pareciam ser – felizes e amadas por todos. Ela não ganhava presentes de Natal e sentia vergonha por não ter, depois das festas, um brinquedo para exibir para as outras crianças. Os pais só falavam *ídiche* em casa, para que os filhos não entendessem os motivos de suas constantes brigas. As coleguinhas da escola debochavam do seu nome diferente e do sobrenome judaico. Ela queria apenas ser normal, ser igual às Mônicas, Lucianas, Patrícias, Anas e Marias. Sentia-se completamente invisível, rejeitada e excluída, dentro e fora de casa.

Aos 16 anos, quando saiu de casa para estudar em outra cidade, começou a escrever todos os dias: hábito, ou vício, que a acompanha até hoje. Guarda em um armário mais de cem cadernos com seus registros diários. Quando lhe perguntam: "Você lê os seus diários?", responde que nunca leu uma só linha deles. Mais do que registrar detalhes do cotidiano, o diário é o seu lugar de autoconhecimento, reflexão, desabafo e conforto. Uma espécie de conversa íntima com ela mesma. Ela pode sair de casa sem chave, sem dinheiro e sem celular, mas nunca sem caneta e papel. Pode passar dias sem comer, sem dormir e sem falar com qualquer pessoa, mas, desde os 16 anos, não passou um só dia na vida sem escrever. Fez mais de vinte anos de análise e a primeira terapeuta recomendou: "Pare de escrever e vá viver a sua vida". Não seguiu o conselho, e até hoje continua escrevendo compulsivamente. Escrever sempre foi e continua sendo a sua melhor terapia. Quando se depara com um problema, só consegue se acalmar depois de registrar no diário o que está sentindo e formular as perguntas que a ajudem a encontrar alguma solução.

    A menina sempre gostou mais de observar e de ouvir do que de falar; de ler e de escrever do que de brincar. Gostar de observar, ouvir, ler e escrever foi fundamental para a escolha de sua profissão. Como antropóloga, ela conseguiu aprender e ensinar as coisas que mais gosta de fazer: pesquisar e buscar compreender os discursos, comportamentos e valores de homens e mulheres que sofrem por se sentirem diferentes e excluídos dos grupos daqueles que são considerados normais.

Ao lembrar mais uma vez do que escreveu Simone de Beauvoir, todos nós mudamos durante a vida, mas sem perder a identidade que já existia quando éramos crianças. Nunca deixamos de ser, mesmo depois de velhos, a mesma criança que um dia fomos.

Quando observo a fotografia na tela do meu computador, como um espelho, constato que nunca deixei de ser a menininha insegura, tímida e introspectiva que devora os livros e ama escrever.

Sempre termino o meu dia escrevendo no meu diário: obrigada, obrigada, obrigada. Sou extremamente grata à vida, inclusive aos momentos mais difíceis, violentos e dramáticos. Foram eles que me tornaram uma mulher que luta pela liberdade de fazer o que mais ama e pela felicidade de amar o que faz. Agradeço todos os dias, ao acordar e ao ir dormir, à menininha triste. É em homenagem a ela que, quando tomo uma taça de vinho, gosto de brindar: *Le Chaim!* À vida!

VOCÊ AGRADECE À VIDA?

VOCÊ QUER SE TORNAR MAIS FELIZ?

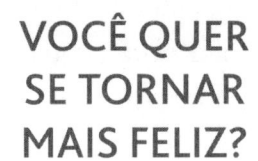

Aos 16 anos li *O segundo sexo*, livro que mudou completamente o rumo da minha vida. Lembro até hoje do impacto que a leitura do último capítulo – "O caminho da libertação" – teve nas minhas escolhas pessoais e profissionais. Nele, Simone de Beauvoir mostrou que a mulher independente – aquela mulher excepcional, que luta pela sua autonomia econômica, social, psicológica e intelectual – estava apenas nascendo. Ela argumentou que se as dificuldades são mais evidentes para uma mulher livre, é porque ela escolheu a luta, não a resignação.

Na minha conferência para me tornar professora titular, citei um trecho de *Memórias de uma moça bem-comportada*, livro em que Simone de Beauvoir retratou sua infância e juventude:

"Por que resolvi escrever? Temia a noite, o esquecimento; o que eu vira, sentira, amara, era-me desesperante entregá-lo ao silêncio. Comovida com o luar, aspirava logo a uma caneta, a um pedaço de papel e a saber utilizá-los. Escrevendo uma obra tirada da minha história, eu me criaria a mim mesma de novo e justificaria a minha existência".

Se eu estava condenada a ser uma moça bem-comportada, a obra de Simone de Beauvoir me transformou em uma antropóloga malcomportada. Ela foi a minha maior inspiração para escrever de uma forma menos convencional no campo científico e, mais importante ainda, para lutar incansavelmente pela minha liberdade.

Em *A força da idade,* Simone de Beauvoir revelou que, além da ânsia pela liberdade, tinha uma "obstinação esquizofrênica pela felicidade":

"Em toda a minha existência, não encontrei ninguém que fosse tão dotada para a felicidade quanto eu, ninguém tampouco que se prendesse a isso com tamanha obstinação. Logo que a toquei, tornou-se minha única preocupação".

Desde cedo descobri que seria por meio da escrita que eu encontraria o significado da minha existência. E que eu também tinha uma "obstinação esquizofrênica pela felicidade". Em tudo o que pesquisei e escrevi, a minha única preocupação foi a de encontrar uma forma de ser mais livre e mais feliz.

Simone de Beauvoir defendeu que "ninguém nasce mulher: torna-se mulher". Espero ter conseguido mostrar em *Liberdade, felicidade & foda--se!* que ninguém nasce feliz: torna-se feliz.

VOCÊ QUER SE TORNAR MAIS FELIZ?

REFERÊNCIAS BIBLIOGRÁFICAS

BEAUVOIR, Simone. *Memórias de uma moça bem-comportada*. Rio de Janeiro: Nova Fronteira, 1983.

_____. *A velhice*. Rio de Janeiro: Nova Fronteira, 1990.

_____. *A força da idade*. Rio de Janeiro: Nova Fronteira, 2018.

_____. *O segundo sexo*. Rio de Janeiro: Nova Fronteira, 2019.

GOLDENBERG, Mirian. *A Outra; um estudo antropológico sobre a identidade da amante do homem casado*. Rio de Janeiro: Revan, 1990.

_____. *Toda mulher é meio Leila Diniz*. Rio de Janeiro: Record, 1995.

_____. *A arte de pesquisar: como fazer pesquisa qualitativa em ciências sociais*. Rio de Janeiro: Record, 1997.

_____. *Coroas: corpo, envelhecimento, casamento e infidelidade*. Rio de Janeiro: Record, 2008.

_____. *Por que homens e mulheres traem?* Rio de Janeiro: BestBolso, 2010.

_____. *A bela velhice*. Rio de Janeiro: Record, 2013.

_____. *Homem não chora, mulher não ri*. Rio de Janeiro: Nova Fronteira, 2013.

_____. *Velho é lindo!* Rio de Janeiro: Civilização Brasileira, 2016.

_____. *Por que os homens preferem as mulheres mais velhas?* Rio de Janeiro: Record, 2017.

**Acreditamos
nos livros**

Este livro foi composto em Adobe Garamond Pro e impresso pela Gráfica Santa Marta para a Editora Planeta do Brasil em outubro de 2019.